25個春天之後再說你愛我

有一種愛情叫做徐展元與谷懷萱

谷懷萱

著

推薦序

文／林慧娟（推坑密友）

二〇一五年，小萱和我去北投泡湯，我們倆躺在按摩池裡聊天，她突然對我說：「展元跟我告白了，怎麼辦？」我轉頭問她：「妳對他有感覺嗎？」小萱想了想，就說：「我們認識二十多年，一直是很好的朋友，但我沒想過這件事（和他交往）。」

我跟她說：「妳現在想一想呢？有沒有可能和他在一起？這麼多年過去，你們剛好都單身了。」她說：「展元說他從大學就喜歡我，只是我身邊一直有人追求，所以他都沒採取行動……」我告訴她：「現在是對的 Timing，Follow your heart，給他一個機會吧！」小萱笑了笑，說她再想想。

過了一陣子後，小萱告訴我，她決定和展元交往。小萱是我二十一年前在東森新聞台的同事，展元是我十九年前在年代新聞台的同事，他們兩人外型登對，個性善良溫和，都是很好相處的人。我不知道他們是大學同學，直到有一天，小萱在臉書po出同學聚餐照，我才發現原來他們是舊識。

他們大學同學有一群死黨，都在新聞圈打拚，三不五時聚會，這麼多年來，小萱和展元一直在彼此身邊，陪彼此經歷感情、工作的種種變動。他們兩人在情路兜兜轉轉，上帝最終為他們牽起那條紅線，彷彿應驗了南宋詞人辛棄疾在《青玉案》所描繪的「眾里尋他千百度，驀然回首，那人卻在，燈火闌珊處」。

他們交往後，小萱變化很大，她本來就是柔情似水的雙魚座女子，每每談感情總是傾注全部的心力。自從和展元在一起後，她更是放下所有的包袱與矜持，為他打掃整修住家、為他洗手作羹湯，配合他改變生活作息。

由於谷媽媽廚藝精湛，小萱向來很少下廚，在家裡被老媽伺候得好好的，沒想到她和展元交往後，竟然搖身變成充滿實驗精神的小廚娘。無論春夏秋冬，她只要一下班就衝回家，窩在小小的廚房裡，烹調出一道道美味佳餚，等著大胃王展元回家，品嘗她變化多端的各式料理。

小萱和展元交往三年多，十分低調，由於兩人都是公眾人物，他們一直沒公開戀情。去年底，小萱突然傳訊息給我，告訴我他們要結婚了，我獻上祝福之餘，也嚇了一跳，原以為他們不婚不生，打算就這麼陪伴在彼此身邊，沒想到他們決定攜手步上紅毯。

小萱喜歡旅行，但展元一直忙於工作，很難排出空檔，小萱於是一步步規劃、帶領展元體驗出國旅行的樂趣，他們去年決定跟團到摩洛哥遊玩，小萱擔心團友問起兩人的關係，可能引發閒言閒語，展元於是問：「妳要跟我結婚嗎？」就這樣，他們選在二〇一八年十一月二十二日登記，結為夫妻。我當天休假，提議開車陪他們去登記，也幫兩人慶祝一下，但小萱說，他們接下來還有工作，當天一早騎著展元二十多年的舊機車去戶政事務所就好，樸實作風一如他們的日常生活。

他們當天下午在臉書po文，向親友也向外界報告這樁喜訊，小倆口浪漫的愛情故事轟動網路，各大媒體紛紛報導、轉載。小萱說：「相信任何誰活到人生中場，就會明白這是一個極為勵志相當冒險的故事。」與其說勵志、冒險，我認為他倆相識相戀的過程，更像一齣浪漫的愛情喜劇。身為摯友，我也沉醉在他們周遭的粉紅泡泡裡了。看完小萱的新書《25個春天之後再說你愛我》，深刻細膩描繪兩人相識相戀的過程，希望讀者、粉絲也能感染他們傳遞出來的浪漫與甜蜜。

推薦序

文／徐展元（谷懷萱夫君）

大學時就有同學說，展元跟懷萱很相配，應該要在一起。但緣分未到，我們是要好的朋友，就是沒有成為情人，大學畢業後，人生各自分飛。

悠悠晃晃二十五年，她有她的經歷，我有我的歷練，我們偶爾在同學聚會相遇，談工作、談人生，就是沒有談情說愛。然而，懷萱始終在我心中占了一塊位置，很小、很隱微，我知道她始終就在那裡。

時間推移著緣分到來，四分之一個世紀過去，我們都是單身了，懷萱在我心中的那一小點，逐漸放大、發出熾熱的光。我秉持著棒球比賽，九局下半，比數平手，兩人出局攻占滿壘，兩好三壞滿球數，站在打擊區上，一定要擊出再見安打的決心跟勇氣，向懷萱告白，問她：「我們要不要在一起！」

懷萱問我，為什麼想要跟他在一起，我說：「我覺得五百年前，我們就相識了，我願化做石橋，受五百年風吹，五百年日曬，五百年雨淋，只願見妳一面。」

水到渠成，一拍即合，一直以來我都不會去追求女生，因為我堅信，相愛的兩個人，自然就會彼此靠近。於是，我們緩緩靠近了，然後緊密結合在一起。

夫妻朝夕相處，如同兩個齒輪相嵌運轉，除非萬分幸運，真能找到天衣無縫的天作之合，不過，我想這應該比職棒投手投出完全比賽，還要難上好幾萬倍，否則還是得要我磨掉一些稜角，妳削掉一點尖銳，才能讓齒輪組轉動順暢，運作自如。

我和懷萱有著十分相近的人生觀、價值觀、金錢觀、家庭觀，仍然努力相互包容、調整步伐、消除歧見、冰釋誤會，方能達到每天甜蜜浪漫、如膠似漆的夫妻生活喔！

希望我們的故事，能鼓勵還沒遇到真愛的朋友們，莫急、莫慌、莫害怕，真愛不怕晚到，隨著緣分的牽引，生命中那個對的人就會出現，但也別忘了時機若對，要果斷揮棒，要鼓起相愛的勇氣喔！

目次

前言

有一種愛情叫做展元懷萱——

老套的電影劇情，卻真實發生在紅塵俗世間。一個金牛座男生暗自在心中埋下情愫，始終未曾對雙魚座的女同學表白，這女子只不過是他在大學殿堂第一個開口說話的人。然而這小小愛的種子真要萌芽，長成大樹庇蔭兩人竟是在四分之一個世紀，人間廿五個春天之後，歷經百轉千折，男女各自嫁娶，再各自離開婚姻束縛，他才終於勇敢開口。

原以為愛情是那麼地容易，相處卻如此地艱難，許是真愛才會遭遇試煉。

懷萱點頭應允展元愛的邀約，沒想到接下來所見全然不是粉紅泡泡的世界，而是得經歷一關又一關難關，光是稱呼從「徐同學」到「展元」就花了好長時間適應，真面目毫無掩藏的空間，太熟悉的兩人要怎麼將廿五年的純友誼順利昇華成美麗愛情？

無數男女大辯論發生在兩位各有見地的主播身上，從兩人究竟為什麼該在一起，在一起能幸福嗎？甚至「消失的左手」這個屬於展元與網友的遊戲都是決定雙方能否繼續牽手前行的重要關鍵，到底誰最終會願意妥協退讓？

還有搭建兩人愛的小窩竟是參雜第三者的陰影，變了心的女朋友到底會不會再回來？房子裡的裝潢究竟還要留下多少前人物件？斷捨離的功課不斷磨合兩人之間，會否終究斷捨離最深愛的人？

年歲已屆不惑，如何得以在不屈就彼此的生活中，脾性難改的兩人都能舒心如意好相處？在這場恍如九局下半兩人出局滿壘的緊繃賽局中，已然不想在感情世界落敗的雙方，是否真能贏得人生中最重要的一役？

從每一天不停理性反思該要離開對方，到最終感性的愛情成為最大贏家，究竟是什麼緣由讓靈魂本該相屬卻反骨叛逆的兩個人終於順應老天欽點的緣分，難道真是被展元一句「妳老了，我老了，就讓我們一起老」所感動，展元和懷萱就能滿心歡喜執子之手、與子偕老，就此度過太陽下山，明照依舊爬上來的每一天？

遲來春天也是萬般春意濃，經歷這一切人生真愛試煉，教人充滿勵志勇氣正面能量。只需用心體會，就能明白有一種愛情叫做展元懷萱。

第一章

野有蔓草

有美一人，清揚婉兮。邂逅相遇，適我願兮。

不知道你是不是也和我一樣，發現人生中總有一個人讓你特別揪心，而這人帶來的不是意亂情迷，也不是心潮澎湃，有的不過就是跟他相遇所有點點滴滴不明所以總讓你能深刻記得一輩子。等到有天赫然發覺，自己所記得的原來是有意義的，因為這人早就默默在等著你，也許老等著上天安排相遇，然後等待，等待之後再相遇，相遇之後希望兩人能在一起，在一起一輩子。

他是順著機緣流轉同時沉靜內斂至深，有時又愛以笑語掩藏真實心情的金牛座，我是隨命運流浪同時對人生悲觀至極，有時又太過樂觀以對習於悲喜交集的雙魚座，兩人性格全然被動，總任性地將人生交予老天決定，於是我們之間只不過像是天上風箏，始終只有一線牽繫，許是有天風箏累了，才會試圖尋找另一端的那雙手，那個人。

至於我們的故事怎麼開始的？得從遙遙四分之一個世紀之前牽起話頭，同年一十八的我們，當時我青春正盛，而他青澀無邪，那一天那一時刻，第一個跟我開口說話的男生就是他。

永遠不會忘記開學第一天，早早爬上陽明山，車程費時耗神才輾轉踏入中國文化大學大禮堂，環顧古色古香的校舍，心中卻忐忑不安，不只對這裡十足陌生，更重要的是，這是我第一次違背媽媽旨意，在同學鼓動下堅持只念傳播科系，媽媽擔心我高分低就，甚至可能沒有學校可讀，拚命攔阻。為了說服媽媽，我很天真的告訴她，讀新聞系未來就業只需要一枝筆的成本。

當時正逢父親驟逝第十個年頭，媽媽得要日夜做手工藝品，拚命攢個一分五角才勉強養活家中五個年幼孩子，我的童年很長時間都在看著媽媽幫木頭娃娃畫上美麗五官，做中國結墜子，用扣環串著數不清的吊飾，而我們也常當起小幫手做些細瑣的活，所以深刻記得那時小小稚嫩的手指頭常常是硬的，原因是有一款加工要用三秒膠貼上鐵釦子，手上的膠怎麼都洗不乾淨，我只能在上課時不停地摳著。

是的，媽媽獨扛那段日子真辛苦，有時得去路邊摘野菜添加菜色，肉攤有什麼不用錢的邊角料也都是讓我們補充營養的重要食糧。我記得有回喝野菜湯驚訝今天竟然放肉絲，用力一咬才發現是青綠色毛毛蟲。小六時正在長個頭，連吃六碗飯還跟媽媽喊餓，媽媽大聲驚呼「妳這樣吃會把我吃垮啊」！當時以為是玩笑話，現在才明白媽媽可能真是擔心手邊的錢不夠養活孩子，不知道我們還能有明天嗎？

尤其開學之際更是莫大難關，五個孩子同時要繳交學雜費，還要買課本制服，再

官拜少將的父親在谷懷萱八歲離世，家境艱困。

母親一人撫養五女堅毅卓絕，影響谷懷萱甚鉅。

加上日常花費，開銷特別大，我們又一身傲骨，絕不開口求人，錢從哪裡來，已經是媽媽日夜要面對的莫大難題。

結果放榜，在路邊撥了公用電話跟媽媽報訊，我反倒忍不住痛哭失聲，因為私立學校的學費貴得不得了，比文學院多了快一萬元，而且分數可以到輔大的我，卻在傳播學院都填在前面的情況下，第十二個志願就上了文化新聞系，果然被媽媽說中，高分低就。

人生做下第一個重大決定就讓家裡負擔那麼重，讓我深覺自己大不孝，媽媽不但不責怪，還告訴我既然是自己做的決定，就要拚命把它做好。而我當時並不清楚這個選擇就此深遠撼動我的未來，讓我後來有緣踏入新聞工作，更在這裡遇見生命中最重要的人，但在那個青春年少，我們對於上天苦心孤詣、費心安排竟是這麼無知無覺。

大禮堂中，照著學校安排好的座位靜靜坐下來，眼前滿是興奮雀躍的臉孔，顯然與我的怯懦不安形成強大對比，看著媽媽特別帶我去西門町便宜商店買來不算合身的褐色大學服，白襯衫打著黑領帶，搭配過膝短裙，一臉稚嫩實在土氣，但我這時才意識到我真的是大學生了，這四年絕不能辜負媽媽期待。

沉浸在淡淡愁緒裡好一會兒，身邊突然出現一個高高瘦瘦的男孩挨著我坐下來，理著一顆平頭看來就是剛從成功嶺結訓，兩人稍稍禮貌地點了個頭，我才發現，戴著金邊眼鏡的他，有著一雙沒睡飽的單眼皮。

家裡只有姊妹的我，遇到男生倍覺尷尬，不知該說什麼開場白，兩人在點頭之後度過好一段靜默時間，終究這個男孩勇敢率先開口，帶著慵懶而低沉聲音問說，「同學，妳有沒有看過老莊的書？」

「老莊？」對於這個憑空而降的怪異問題，我還以為自己聽錯，一頭霧水回說，「你是說那個喜歡無為而治的老子，和一天到晚忙著做夢的莊子嗎？」女孩倉皇應聲，男生淡淡一笑，「妳說的是『昔者莊周夢為胡蝶，栩栩然為胡蝶也。』」這段老莊對話瞬間進入文言文世界，只見女孩緊皺眉頭，深覺不可思議，從未有哪個男生初初見到女孩子時，會請出老莊開啟話題。

眼見女孩沒有太多回應，這個男孩趕忙禮貌介紹自己，說他是中正高中畢業的，「這麼巧。」聽到這個問題正常多了，女孩整理方才驚訝情緒，「我家就住在中正高中附近，不過我讀北投復興高中。」「是嗎?好可惜，妳就沒辦法走路去上學，得要通車了。」男孩這話回得有些無厘頭，女孩只好笑說，「是啊！真可惜。」然後就再也不知道該如何接續話題。

才牽起的對話斷了連結，男孩又不死心地攀談，「妳住在我們學校附近，那妳一定吃過水溝大飯店。」「啊!水溝大飯店?」「對呀!就是那邊有個在水溝邊的餐廳，我們中正高中的學生都叫它水溝大飯店。」女孩想了好一會兒才恍然大悟回說，「喔！我大概知道你在說哪一間餐廳，不過我沒吃過。」「對呀!我也很少去吃，因為每天

大一與同學遊北海岸，留下兩人第一張合照。

大二兩人主持迎新，完全沒擦出愛的火花。

文化新聞系大鐘前，兩人在同學中總隔著老遠。

個性內向害羞的谷懷萱，尚不知老天苦心安排。

高中時展元讀懷萱家附近學校，兩人也許擦身而過。

都帶便當。」

這樣硬要聊天的題材，讓女孩只能勉強再回了一個「喔」字，然後趕緊轉移話題問說，「同學，你是什麼星座？」男孩回說，「不知道，我五月初生的。」「那就是金牛座啊！你真的很像金牛座耶！」「金牛座怎麼了？」看到女孩一臉調侃，男孩不明就裡，女孩又再噗嗤一笑說，「沒什麼。」

當時女孩心中定論，這天肯定遇到「古代人」，果真日後男孩每每開口閉口就說他人生最是服膺老莊思想，而女孩只要一聽到這個話題就會像是被唐僧唸咒的孫猴子，頓時感到頭暈目眩，腦中轟轟作響，不斷翻白眼，心裡直想又來了。在慘綠年少，他竟有著古代靈魂，活生生像個老頭，實在反差極大。

交往後，我好奇問了問男孩，「當初為什麼你一開口就跟我提到老莊呢？」他一臉無辜的說，「我也不知道，可能是覺得妳會有興趣。」我不禁撇嘴笑，「誰會有興趣，怎麼會有人端出老莊來把妹？」他聽了也只是呵呵笑說，這足以證明他並不懂得跟女生攀談，所以不花心，但他說，那一天起，他就很喜歡我，但這個喜歡，我竟是要等到四分之一個世紀後才終於明白。

至於我喜歡他嗎？那時的我怕被媽媽罵，哪裡敢談戀愛，而且他總會不意流出大量的老莊思想文本，如此怎麼可能冒出任何火花？再加上我們同年生，當他說他是金牛座，比雙魚座的我足足小了四十六天，就此我只當他是個弟弟，那時我深深信奉同齡男生絕對比女生幼稚無知，就此我畫下一條線，兩人僅能徘徊在理智線上，絕不跨越感情線。

偏偏初上大學這段時間跟他相處的機會來得特別多，我記得大一時，全班同學相約去翡翠灣，那個年代時興救國團活動，有人提議玩遊戲，內容我記不得了，印象中大家圍著大圈圈，當時我被點名進了圈圈裡，而他也被揪進圈圈中，面對古代人，兩人相對而視，我並不尷尬，愛攝影的同學特別拍下合影，就這麼留下我們兩人十八歲青澀模樣，當時就算肩並肩坐著，彼此之間毫無一絲懸念。

但這趟活動回程時，他卻大膽做了一件讓班上所有男同學都羨慕不已的事情。坐著長途公車回台北，才一上車，他快速搶到我旁邊座位，當他一坐下去，後到的男同學有人還當場面露扼腕之情，輕輕哀叫一聲，似乎怪罪他竟然搶去這個車上最寶貴的一個座位。

只見他稍稍跟我閒聊兩句，接著無語一小段時間，就開始拚命點頭，打起瞌睡。我才慶幸在這段漫漫長路上，可以不用聽到他將整套老莊思想灌輸給我，哪裡知道隨著車子左右搖晃，他竟累得將重重的頭直接靠在我肩上，最後高我十公分的他，甚至整個人緊緊挨在我身上。

一開始我還輕輕喚了聲「徐同學」，卻怎麼都喚不醒，後來肩膀抖了幾下，還用手指戳了戳他，但他累呼呼地絲毫沒有動靜，讓我完全動彈不得。眼見難題無法解開，面子特別薄的我，心想要是這時大聲喚醒他，恐怕驚動周邊同學，反而讓他倍覺尷尬，再加上他已輕輕發出鼾聲，非得夢會周公，我只好僵在座位上，無奈地將肩膀暫時借給他。

這是我和他史上最接近的一次接觸，而在此之前，從未有任何男孩子膽敢這樣靠近我。有個要好的女同學見狀，瞪大眼睛深覺眼前景象不可思議，但我們都不知道究竟該怎麼辦。

就這麼一路撐著一個多小時，撐得我的肩膀都發疼了，等到要下車，他才終於醒過來。發現自己睡著了，甚至還靠在我肩上，他只以無辜的眼神看著我，帶著濃濃的鼻音說，「喔！我剛剛靠在妳肩膀上睡啊！妳怎麼沒叫醒我。」想必他不知道這一路上有多少隻眼睛正緊緊盯著，甚且有人從此心中對他充滿怨懟，以為他趁此機會吃我豆腐，私下好心提醒我要小心他。

其實認識他以來，他都非常紳士，除此一次靠肩，我們做朋友時再無更進一步接觸，反倒有意無意間，他始終跟我保持距離。在那天之後，女同學傳來有其他男生欣賞我的耳語，反倒從未聽聞他對我有任何表態，就算如他所說他第一天起就喜歡我，但他也從來不說，甚至一點眼神都不給，只在內心慢慢流淌著那一絲絲的情懷。

為什麼喜歡一個人卻又不讓人知道？這或許只有金牛座們，才能明白這場內心戲。這也就是為什麼我們能做二十五年無話不談的好友，就因為他進退有據，是個謙謙君子。

二十五年，真的不是一段短短時日，人生運途來來去去多少人，要能如此維持友誼恆久不墜難如登天，更何況是男與女之間。之所以能有這般深重的情誼，還真要感謝大學裡有一群聲氣相通的朋友，圈起了他，再圈起了我。其實一開始我總在圈圈邊緣，並不主動與人交流，一方面個性內向害羞，另方面是家裡經濟不好，媽媽要我專心唸書，以免心有旁騖，所以當時的我一向獨來獨往。

尤其大學花費比高中時高出許多，令我非常煩惱，要買書印資料，還無法自己帶便當，每每外食一餐至少好幾十元，甚至接近百元，一個月下來著實傷本，後來發現學校附近有間大陸麵店，店裡最便宜的炸醬麵一碗只要廿五元，再加上可以免費喝海帶湯，吸引我天天光顧，這樣剩下的零用錢才足夠買書買課本，如果實在不夠，才敢向媽媽討錢。

倘若想要奢侈消費，只能一元一元慢慢省下來，我曾為了買生平第一捲錄音帶，存了好幾個月的錢，這段期間三不五時就去唱片行確認，深怕心愛的「歌劇魅影」被買走，最後聽到全套演出感動莫名。這樣情況下，每到下課唯一念頭就是趕緊回家，生怕浪費媽媽辛苦賺的每一分錢。

「懷萱，我們等下想去男生宿舍探險，妳要不要來？」當時有個女同學總熱情的老想揪著我四處兜兜轉轉，聽到這個邀約，我自然裹足不前，相當害怕，不禁回問，

「女生不是不能進入男生宿舍，要是被教官抓到怎麼辦？」不敢違規犯紀的我，哪裡敢甘冒任何風險，就怕媽媽知道會責罵，更擔心要是被發現，會在大學生活中多了一個汙點紀錄。

只見女同學胸有成竹地說，「沒關係啦！我們已經去過好幾次都沒事，而且我們剛好可以去跟他們討論功課啊！不是要交新聞學的作業，我們想去討論一下。」這時我才發現她身邊有幾位女同學都已經摩拳擦掌準備衝鋒陷陣，也紛紛加入勸說行列。

「可是我沒去過耶！這樣好嗎？」怯懦的我依然不為所動，但女同學一副毫無畏懼地姿態，「就是沒去過，才更要去啊！」

家裡都是女生的我，對於進入男生宿舍非常緊張，女同學不斷強調，「妳不要怕，我們會保護妳啦！」終於在強烈好奇心驅使下，我跟著女同學們就這麼走到男生宿舍大門口，但一看到「禁止女賓進入」藍底白字大看板，我還是怯怯地停下腳步躊躇不前，女同學這時輕輕一推，就這樣我一腳跨進男生宿舍，看到地球上另一個世界。

一路上所有男性同胞都瞪大眼睛迎接這群勇敢向前的異性入侵者，不禁發出驚異的呼聲，卻又在心中暗自品評來者的姿容，於是接下來口哨聲就此不絕於耳，這股騷動隨著這個隊伍不斷向前延伸。

當時有男生打著赤膊，才剛從洗澡間出來，驚見不速之客，還趕緊抱著自己沒有任何遮蔽的胸膛，邊快跑邊抱怨「女生怎麼可以進來」。聽到這句話，我直想往回逃奔，卻又被同樣也一臉緊張的女同學們簇擁著向前行，大家只好一起做膽繼續這趟驚異之路。就這樣一路蜿蜒曲折登上階梯，心驚膽跳跟著熟門熟路的女同學，終於走到男同學房間。

「扣扣扣！」眾女子急急敲了敲門，這幾聲到開門不過短短幾秒，就已經夠讓我心跳加速，緊張不已，等到男同學打開門來，不理這人一臉驚訝，這群女生趕忙衝進去，結果這一間四人房裡，睡在上下鋪的男生還睡眼惺忪賴在床上，發現我們到來，有人趕忙蓋上被子，還有人匆匆穿上外衣問道，「妳們怎麼來了？」帶頭的女同學竟指著我說，「我們帶谷懷萱來冒險啊！」

聽到這個回應，房間裡所有男同學全都盯著我看，讓我雙頰緋紅，侷促不安，趕忙答腔，「我……我是來討論新聞學的。」也許見到我第一次出現，房裡原本還滿是瞌睡蟲，頓時大半失蹤，男生們有人跳下床，有人挪了椅子給我們這四個女生坐著，光這個畫面就更讓我倉皇不已，幫著張羅現場，最後大家就在這樣尷尬心情下開始討論功課。

於是乎我在大學殿堂就這麼多了一個奇妙的根據地，而且還是女生勿入的禁地，也就是在這裡，這些男孩子的生活種種全都無所遁形，而他就是這四個男同學當中一人。

這樣的冒險果然危機重重，後來我的女同學就因為在男生宿舍吃火鍋釀成大跳電被教官約談，包括他，大家一起被叫到教官面前，哪知道教官竟是笑臉迎人，告訴他們別怕，還說這會成為日後美好回憶。對我來說，雖然沒有遭遇教官訓話，但這段男生宿舍冒險之旅裡，已經夠讓膽小的我體會鮮活有趣的大學生涯。

在小小房間裡，總有張清芳的歌聲，因為他喜歡，喜歡到被大家笑說他跟張清芳一樣有對倒八字眉，「天天年輕」和「激情過後」的歌曲常被當成鬧鐘，吵醒這群超級貪睡，還常常忘了去上課的男同學，剛開始不適應的他們，也漸漸習慣總有人突然闖進他們的生活空間，在這些人眼中，那時的我們應該比較像是擾人清夢的蚊子，所以就算如此接近，也難以培養出男女情愫。

我們這群人聚在房間裡除了討論功課，最常一起聽「這一夜，我們說相聲」，當舞台劇演員金士傑扮成文革知青，將歌劇卡門的一段改編，唱著「可愛的小羊快來曬太陽，快快長大，快快長大，長到六千五百以上，六千五百以上，個個變成共產黨，和我一樣為國家去爭光」，頓時讓我們這群人哄堂大笑。

這個場景我深刻記得，畢竟在曾經國共不兩立，剛解嚴的時代，那樣帶有禁忌的笑話是多麼讓人嚮往。後來才知道這相聲錄音帶是他的，果真再次證明他有個老靈魂。

我們的大學時代正逢思想禁錮稍稍解禁的時代，眼見野百合學運登場未久，農民街頭運動接連而來，當時學生對政治侃侃而談，頗有見地，甚至席中有人大談馬克思主義，還想辦讀書會，他看到女同學抱著厚厚的書一點都不想翻開，「我高中可是三民主義研究社的社長，對馬克斯沒興趣，而且現在我比較愛棒球。」那時候完全沒人料到日後他果真投身棒球服務，立誓播報五十年。

當時真的想都想不到他會當上體育主播是有緣由的，因為我們看到的他總是一臉沒睡醒，動作慵懶緩慢，不急不徐，記得有回下大雨，他還慢慢走在雨中，同學邊跑邊問他怎麼不打傘，他說懶得開傘，再問他為何不快點跑，他從容不迫地說，「不需要跑啊！反正淋雨了，跑了一樣濕。」然後繼續在雨中漫步，任由雨水浸潤自己頭髮衣裳，同學笑他，他也不過嘴唇一斜，給了淡淡一抹笑。

這就是他，連笑都不想費力，更遑論說話，這人根本懶得咬字，所以曾被同學笑說怎麼講話像是漿糊一樣黏乎乎的，聽久了恐怕會讓人睡著，但等到後來大家看到他在主播檯上用力咬字，聲音高亢播報球賽，甚至還創造出一連串快速而流利的順口溜，成了熱血代表，眾朋友不免好奇，他怎麼變身的？對這樣的玩笑，他也只是省話地說，「播棒球就是要讓大家不能睡著啊！」

他果真是個會教人眼鏡跌破一地的人，大學時代就曾經有一件事令我驚訝不已。當時大一迎新活動，要三個班級新生來場演戲比賽。我以為都快二十歲了，大家應該會演出像莎翁四大悲劇這類有深度的戲碼，但萬萬沒想到竟然有人提議演出童話故事「白雪公主」，而且馬上獲得壓倒性認同，就在我還不明所以情況下，有人去探問別班動靜，竟然發現另一班也想以白雪公主搶下第一。

這到底是誰出的鬼主意，我已經記不起來，但問說誰演白雪公主時，原本要班上一個美麗女同學擔綱演出的提議，很快就被推翻，因為同學認為要贏別班，就要拿出不一樣的東西，於是白雪公主不是別人，竟然是他，我忘了他是自願的還是被硬推出來，只記得他用低沉黏膩的聲音笑說，要他反串不是問題，因為他早在高中時就扮過北一女小綠綠。

就這麼樣，他的白雪公主時代來臨了，每天大家湊出時間寫劇本，認真排戲，到後來還有女同學提供長裙讓他登場，幫他化妝點絳紅唇。上了舞台的他，與平時完全不像同一人，原以為他信奉老莊，對什麼事情都無為，甚至無感。但是在舞台上的他，會眨巴著眼睛，側著頭甜甜一笑，還拉著長裙左右搖擺裝可愛，最後果然在舞台上笑果十足，這齣戲還拿下那年新生第一名。

所有系上學長姊和同學都為他的演技傾倒，驚為天人，有人說他可愛，討人喜歡，還有人因此猜測他喜歡的是男生，他聽到之後，用那慢吞吞又黏乎乎的聲音呵呵笑著說，「我在高中交過女朋友耶！」

在那個花開年華，談戀愛是新鮮有趣必然要體驗的流行，這時安靜而被動的我們倆竟然常常被熱情同學硬湊成一對，只因為大家公認兩人看來頗為登對。我聽到這樣的強力推薦，常常當場瞠目結舌，倒退五步，對著前來牽線的紅娘說，「他一天到晚都在唸著老莊，我聽了就想跑，我們怎麼可能在一起。」立刻毫無懸念切斷紅線，拒絕眾人好意。

這些同學不知道的是，我其實有著反骨性格，最討厭依循別人表訂的路途走去，越是被人認定的事情，越不可能去配合，而且他從未主動對我表示好感，家教甚嚴的我怎麼可能主動倒追，旁人拚命敲邊鼓，我反而更加保持距離，避免誤會，所以一路以來，我的感情世界裡，他並沒有任何機會靠近過，更遑論跨進半步。

至於他明明從第一天就偷偷喜歡我，為什麼不曾試圖開口追求？他後來才終於坦承，他是班花絕緣體，只要是眾人想追的女生，他就會懶得追，因為他擔心女主角被眾人捧在手心，一定個性驕縱難以相處，再加上他崇尚「創意」，凡事脫俗，絕不能跟別人一模樣，所以這一路上，金牛座的他想先遠遠觀察，而這樣的觀察，竟然一晃眼就二十五年。

外界自然有許多熱心的人等不了他慢慢觀察，希望我們在一起的說法到了大二呼聲反而更甚，因為那時我有了初戀男友，整個文化新聞系為之轟動，大部分同學和學長姊學弟妹的反應都是四個字「怎麼可能」。我才明白原來很多人一直非常關心我的戀愛對象是誰，當這個初戀對象出現，很多學長姊和同學驚異莫名，甚至不少人私下好奇問我，「為什麼會跟這個男生在一起？」

不為什麼，就因為他風趣幽默，總能讓鬱鬱寡歡的我笑得開懷。說實在，初戀男友可是花了好一番功夫才終於追到我，他有著南部人開朗的個性，總會自嘲，不論說什麼都像在空氣中滿佈笑氣一般，讓人捧腹不絕。

這人還曾經在大學舞會，眼見旁人向我邀舞，他趁那人一轉身就硬生生抓了我往舞池走去，只為了我生平第一支舞不能被陌生人搶走。那時的我雖說尷尬，但也漸漸對他加深好感，因為我喜歡勇敢的男生，當然前提是這個人很可愛，而他後來也很勇敢提出交往要求，於是我的初戀就這麼開始了。

我是個相信人生緣份都是老天註定的雙魚座，自然不在乎旁人想法，勇敢去愛，卻沒想到有人特別跑來奔走遊說，認為我就算要交男朋友，也應該要跟演白雪公主的他在一起，那時這樣的說法聽多了，我絲毫沒有動念過，就只當旁人太忌妒我的初戀男友。

巧的是，系上正準備舉行一場傳新之夜迎新晚會，我和他恰好被指派為男女主持人，他登過舞台，當過白雪公主，自是勝任，從沒有擔當過主持工作的我卻非常緊張，深怕第一次上場就丟臉砸鍋，雖有同學們幫忙準備相關流程，但越是接近活動，我越害怕搞砸，他在一旁不斷鼓勵我沒問題，說他也沒主持過，但一切別擔心，有他在。

大約在晚會前幾天，我拜託他可否再做最後討論，當時建議去他在學校的宿舍，不需花錢又不受打擾。因為長期信賴他的人品，並不擔心他會逾舉，就這樣兩人共處小小宿舍裡，我坐在他書桌前唯一的椅子上，他則坐在自己床上，兩人對著每一個小細節，悉心點出哪個環節不順暢，哪個橋段需要再討論調整。

等到終於將三個小時的節目流程搞定時，他突然大喘一口氣，趴在床上抱著枕頭拱著背，一副放鬆的樣子說，「討論這個晚會真的好無聊，懷萱，我們來聊點別的東西。」還不等我有任何回應，就聽到他話鋒一轉說，「我一直認為男女之間談感情一定要有個態度。」「態度？」我不明白地回問他。

他雙眼直盯盯瞧著我說，「我一直很喜歡詩經上所說的意境，『執子之手，與子偕老』，妳說這是不是很美，兩個人相約一輩子，只牽一個人的手，一直到老。」只見他接著說，「我一直很喜歡這八個字，始終奉為圭臬。」

任何人聽到男孩子口中說出這八個字，肯定心頭顫動，倍覺浪漫，當時我確實感動莫名，喜孜孜回說，「對耶！怎麼這麼巧，我男友才告訴我這兩句話。」

聽到這樣的回答，他反而一陣靜默，然後淡淡笑說，「是不是？你看這人一定很愛妳，才會說出這樣的話，妳要好好把握對方喔！」我甜甜地沉浸在初戀的世界裡笑著說，「那是對方要好好把握我才是吧！」這時換成他乾笑，過了好一會兒，他才謹慎小心地又開了口。

「懷萱，我沒有別的意思，只是心裡面一直有個問題想要問妳。」他看了我一眼，再緩緩地說，「我在想，有很多人說我們應該在一起，妳覺得為什麼我們沒有在一起？」面對這個大哉問，換成我愣了一愣不知該如何回答，後來才回說，「那是因為我有了對象吧！」他又問，「如果妳沒有男朋友，妳覺得我們會在一起嗎？」

一般女生聽到這個問題究竟會如何回應？我實在無法想像，我只記得那時我說，「很難吧！」「為什麼？」看到他一臉狐疑不解，於是我笑著說，「因為你開口閉口都是老莊啊！都在莊周夢蝶，忙著睡覺啊！」他當場翻了白眼說，「唉唷！我哪有一直在做夢，我都很認真上課的好不好，剛剛不是還跟妳一起討論主持活動，都沒有打瞌睡啊！」看到他較真起來，我噗嗤一笑說，「確實沒睡。」

接著他不死心又問，「所以妳覺得男女之間，真的會有純友誼嗎？」我回說，「當然有。」他緩緩地回說，「嗯！是嗎？我一直都認為男女之間不可能有純友誼的。」我笑著指了指他回應說，「我們就是啊！」聽到這樣的回答，他只點了點頭，輕輕一抹微笑之後，就沒有再多說。

這個話題就這樣軋然而止，那時我只覺得他之所以會問這些問題，只是因為真的好奇純友誼是否存在，而且問別人可能惹出誤會，問我這個可以無話不說的女同學恰恰能證明純友誼，從此之後，他再也沒有問過我這樣的問題，我也從未掛心過。

最後，我們順利完成大學迎新主持工作，記得那時，我的初戀男友還特別到後台探班，他也笑笑看著我們兩人樂呵呵地合照，那時的我，完全不知他當時心裡怎麼想。過了沒有多久，他也有了戀愛對象，然後各自忙碌新生活，男生宿舍的探險活動也漸漸絕跡。

幸運的是踏入社會之後，我這群同學總會一年相會一次，總有個熱心的誰聯絡了他，也聯絡了我一同聚首聊聊近況，雖說每回聚會時，他依然少言偶爾答腔，我也只是聆聽傻笑撐場，兩人始終維持一樣的距離，但終究沒讓兩人的風箏線就此斷了。

多年後探問他，他說他不記得在宿舍中這一段深層對話，還皺起眉頭問，「我怎麼會在床上抱著枕頭問這種問題，感覺好娘。」但尋思一會兒，他忍不住又問了同樣的問題，「如果說在那時妳沒有男友，我們會在一起嗎？」

現在的我淡淡一笑回應，「也許吧！當時我已經有了對象，不可能變心，不過，如果時間再往前，你開口說要在一起，或許我們早就是一對，然而那時你沒說，我自然也沒動念。」

於是那時一切都沒發生，但後來我卻發現，他當時奉為圭臬的八個字，「執子之手，與子偕老」，其實根本是個悲情故事，那是一個準備上戰場的夫君，正與娘子道別，心如刀割，才會留下這般死生契闊的感情誓言。再去搜尋這男子最後有沒有在征戰之後踏上歸途，與娘子重逢，有沒有與心愛的人牽手度過餘生，詩經竟是沒有留下任何隻字片語。

這一段故事，此際讀來斑斑血淚，不免教人心頭悵惘。而我也悠悠地發現，我們的感情機緣竟像那八個字背後的故事，就在那青春年少時一念之間翻轉下，任由時間摧折徒留遺憾。

歷經千回百折，遭遇無數險阻困頓，兩個被紅線牽上的人，花了大半青春歲月，我們各自在迷宮與他人遊走，選擇不同的人生功課。這一路，彼此傷痕累累身心俱疲，就算手裡總揣著一條命運之繩，但始終不知道繩子那一端真的是他。

在答案揭曉之前，我們只是純然彼此看望，祝福對方，壓根沒想到會有一天，我們兩人真能相守一起，執子之手，與子偕老，許下一輩子的誓約。

兩人中間的女同學一直積極拉攏，預知天造地設。

大一團康遊戲兩人彼此互望，不知緣來是他。

第二章

關雎

關關雎鳩，在河之洲。窈窕淑女，君子好逑。

一對男女，不管認識多久時間，當他想讓她進入他的世界之際，真的需要很大勇氣，而她要走進他的世界之前，更需要深吸一口氣。我一直以為這二十五年來，我已經非常認識他，但想都想不到，那一天的到來，打破我一直以來的想像，因為我遇見了綿延不已的喜馬拉雅山橫亙我倆眼前，而且一眼看不完。

整件事情來自一場邀約，他約了我喝咖啡，閒聊一會兒，他說，「我現在正在寫自傳。」「自傳？你才四十幾歲已經要寫回憶錄啦！」他不理我驚訝的表情淡淡地說，「對呀！一間出版社邀約，要我寫出為何立志播報棒球五十年，我就答應了。」「當然，你這麼愛棒球，應該有不少感人的故事可以分享。」我啜了一口咖啡，隨口應了應話。

「不過……懷萱，妳可以幫我個忙嗎？」「怎麼？」他回說，「我知道懷萱很有義氣，等我自傳寫好，妳可以幫我寫序嗎？字數不用太多，只要短短幾句就好。」其實不需把義氣當前提，我都會應允，朋友二十五年，他鮮少開口請我幫忙，頂多是大學時要了我的筆記去應考，最近一回則是一年多前他在大電視台受委曲，面臨人生志業重大變化，他來問問同在媒體工作的我該怎麼抉擇。

我深深記得那時他徬徨無助地問，「我該要離開待了十年的公司嗎？現在心裡還是很掙扎，但我就是希望繼續播中華職棒。」當場我告訴他，「先問問自己心底的聲音，如果最愛的是棒球，那就選自己所愛，快樂最重要，不然硬是要把自己綁在痛苦的圈圈裡，什麼事都做不好的。而且只有走出去，才看得到外面的世界，我覺得離開心更寬。」

當時他沒有多說什麼，過了一段時間就聽到他勇敢跳槽，外界一片譁然，認為再怎麼委屈，都該繼續留在大電視台才有未來，更有人看壞他，認為他只要離開電視台就沒有舞台。殊不知，從此他的舞台繽紛多彩，不但照播他愛到至死不渝的棒球賽，還有電玩活動邀約，各地演講和尾牙主持不斷，甚至還看到他在電視電影與廣告中演出代言，過去各界所擔心的種種疑慮，漸漸煙消雲散。

相較於當時愀然不樂，一年後的他看來信心十足，還開始撰寫自傳，只不過接下來，他又支支吾吾起來，「我還想請懷萱幫忙。」「怎麼啦？」見他面有難色如此為難，我想這應該是個異常艱難任務，就聽到他說，「我需要找個朋友跟我拍幾張宣傳照片，不用代言說話，只要拍個照讓現場看來熱鬧一點就好，不知道妳願意嗎？」

聽來這個任務輕鬆簡單並不困難，完全不知他為何如此小心翼翼，我先是直率爽朗地答應，但是才不過一秒鐘，我突然變卦。

「等等，只有我和你嗎？」他見我大喊一聲像是要拒絕，瞪大眼睛吸了口氣點點頭，像在等待殘酷判決，就聽到我調侃他，「奇怪，你怎麼不找那些你認識的漂亮小女生，棒球場上有很多美女啊！找她們應該會讓畫面更有亮點。」聽到這些話，他嘟著厚厚的嘴說，「唉唷！我覺得妳最適合啊！搞定之後，我會付給妳錢。」

他擔心我拒絕，以為得祭出金錢攻勢才成，我笑著說，「錢你好好留著，這是你應得的，但是我們要去哪裡拍，就在這家餐廳嗎？」這時他更顯緊張，瞪大眼睛看著我，然後湊上前來在我耳邊輕聲問說，「妳可以去我家嗎？」「啊？你家？」見我久不作聲，他趕忙解釋，「不好意思這麼唐突，因為要拍我和朋友看比賽喝飲料，想來想去只有去我家比較好拍。」

這個請求確實超出我意料之外，不過我瞬間明白為何他這般難以啟齒，畢竟已經離婚好一段時間的他，要請一個年輕小女生單獨到他家作客，難免有些尷尬與曖昧，而我與他同學多年，外界許多人都知道我們有同班之誼，照片對外公開應該比較不會讓他人有多餘猜疑遐想，也難怪他會找上我。

「懷萱，妳可以幫這個忙嗎？我明天就要交件。」見他這般焦心憂慮急急追問，我笑了笑再次確認，「你真的不找別人？」他搖了搖頭說，「我就想找妳啊！」看他好似為難不已，恐怕真的找不到人，而且拍照不過幾分鐘的事情，看來不會太麻煩，於是我就幫人幫到底，當天晚上跨上車齡二十年的 YAMAHA 機車，隨他回家。

這是我第二次到他家，上回是他邀約小圈圈裡幾位同學到他家作客，那時家裡還有女主人，而我只深刻記得有隻小白狗非常神經質，一直在我身邊四處亂竄，從小被狗欺負過的我，嚇得只能一直躲著，直到狗狗被抱走才終於鬆口氣。至於我也帶了當時交往男友跟一同赴約的同學們在附近餐廳吃頓飯，如今再度來到同樣地點，自是人事全非。

「我家到了。」他停下機車，我抬頭一看，對這棟四層樓小公寓卻是印象全無，他打開鐵門發出咿呀一聲，我趕緊跟著進入已然四十年舊房子。說它舊，還真的看來斑駁，樓梯周邊的牆壁油漆因為台北潮濕空氣全然片片剝落，他趕忙解釋，「前幾年才漆過這牆，但大雨一下，沒多久又掉漆，住戶們從此不想再弄，以免白花錢。對了，這個樓梯不好走，妳小心點喔！」

我踏上階梯才明白他為何特意提醒，因為這裡的樓梯竟然寬窄不一，有幾階踩踏地方比我的腳還要小得許多，倘若腳步試圖踏實，大半的腳板就會懸空，所以得斜著爬梯才能成行，領在前頭的他乾脆雙腳外八快步上梯，只敢步步為營的我不禁竊笑，他竟是這樣對付這個怪樓梯，我邊爬邊覺得荒謬，因為赫然發現每層樓的階梯數根本不同。

這時就見他按了幾次燈的開關，最後卻嘆氣，「又壞了！應該是太潮溼讓線路秀逗，總之妳要多注意。」

黑暗中我站上樓梯迴轉處回頭一看，得見一抹光灑洩下來，這是外頭路燈映射進來瞬間照亮陰暗的階，讓一整片格子狀水泥牆就像一個萬花筒，我第一次見到這樣的樓梯間，可以讓人安心躲在小格子後面，清楚看到外頭上演的種種人生。

記得他曾說過，三毛住在他家公寓樓上幾年時間，三毛是我最愛的作家，小時候讀了她的書，跟著在撒哈拉沙漠四處流浪，等待不會來的雨季，而今我不由得幻想，或許三毛也曾靠在這牆，淡淡看著斜倚的光線在暗處織出美麗的網狀。想起三毛，我的心情不由得浪漫起來，牆壁上一個個不規則黑色壁癌形成的破敗好似也跟著變換成喜悅的圖騰，看來不再扎眼。

當然這一切心境轉換，另一個也在階上的人渾然不知，許是早就對這一切司空見慣，毫無新鮮感，只見他掏出鑰匙開門，隨著那鎖頭一段段喀啦喀啦作響，秘密世界就要揭開。

眼前這人是許多人心中最熱血澎湃的男人，最激情愛國的體育主播，他最私密的個人空間此時此刻就要揭開，而我沒有一絲緊張，畢竟朋友相熟多年，再加上身負重責大任，不過是來幫他一個忙，心裡自然毫無多餘想法，但這樣的冷靜自持居然就在接下來的三秒之後瞬間瓦解崩潰。

一進屋裡，他刷地一聲拉開整片木頭拉門再開了燈，這是個很復古的老公寓，但我的目光不由得鎖定在木門紗窗，因為上頭早就黏滿黑壓壓塵埃，恰恰擋住客廳流出的光，木門上整條窗沿居然是黑色，徒留幾個白色指紋，忠實紀錄主人每日回家開門時固定留下的蹤跡，厚重灰塵積累，顯見這裡根本許久無人擦拭過。

我看傻眼站在陽台大約半分鐘之久，等到想起該要脫鞋進屋時，卻聽到他回身尷尬阻止，「別脫鞋，妳直接穿進屋子裡。」

「喝！這是什麼情形？」一踏進這個空間，萬萬沒想到在我面前呈現的是個讓人驚愕萬分的場面，就算看遍無數驚滔駭浪、驚異不凡的新聞現場，眼前景象都不免讓我在心中劃下一個比人還高的驚嘆號，我好像走到一間廢墟，這廢墟正是他的家。真的不誇張，紛亂雜陳的物件竟然可以堆疊出一座又一座的高山，而每座山上滿佈肉眼就能夠辨識清楚的塵埃。

他緊張地一臉歉然皺著眉頭看著我說，「不好意思，我家很亂。」也不知道哪裡來的冷靜，我立刻馬上迅速敏捷收拾剛剛冒出來的大大驚嘆號，點頭笑說，「沒關係，只不過我們等下要在哪裡拍照？」看到我馬上進入重點，他似乎稍微鬆了口氣回應，「就在客廳啊！」

他不過說了五個字，卻教我再次瞠目結舌環顧四週，明明就見到客廳到餐廳滿布大大小小紙箱堆成一座又一座高山，而在高山當中，還札札實實塞滿一件件襯衫領帶

展元最自豪機車一騎二十三年，載懷萱趴趴走。

四十年老公寓樓梯間的光竟是這愛情浪漫起點。

和各種花色T恤球衣，已然看不出那些衣服所代表的春夏秋冬，更不知它們究竟乾淨，還是被穿過多少次，層層疊疊的高山只勉強留下一條山間小徑讓人走到廁所和房間，如此擁擠的空間，實在不知如何拍照。

「懷萱，妳先請坐，等我一下，我先去找找相機在哪裡。」要從一堆堆雜物裡怎麼才能找到一個相機，我開始對這趟任務頭皮發麻，因為看來他請我幫忙根本是臨時起意，完全沒準備，所有一切不知從何開始，而且眼前哪裡有地方可以讓人坐下？

客廳裡有個三人座沙發鋪著舊舊黃色布巾，上頭滿是雜誌資料和一堆帳單，我順手理了理，堆高旁邊另一座雜誌山，才終於勉強清出一個小小角落可以落坐，沒想到這一坐下，沙發泡棉陷落，立刻順著我的臀型壓出破敗的凹洞，一旁擺得滿滿的雜誌瞬間滑落，重重砸在地上，立刻在地上揚起不小塵土，打算撿起東西的我猛然撲了一臉灰，開始渾身發癢，還連打了好幾個大大的噴嚏。

正在紛亂現場翻找相機的他，聽到我的動靜再次道歉，「不好意思，太亂了。」這豈是亂可以形容，但我卻還能聽到自己鎮靜地說，「看來我們得想想辦法，看從哪裡拍，才不會拍到這堆東西。」環顧左右，光是要清出空間變成分外艱難的任務，看著一大疊堆在沙發上的雜誌，就算搬開也不知該放哪裡，只好讓他們挨著我，在手臂上留下一條條紅印子。

莫怪他得找我幫忙，也許做過新聞工作的人心臟比較大顆，膽子也不小，見的場面多，再怎麼驚訝都能很快解決問題。

「妳坐著休息，我先整理一下，馬上就好。」過了半小時，好不容易找到相機的他開始慢慢清理電視周邊，我心裡苦笑，這樣整下去，要整到民國幾年？只見他慌忙解釋，「我每天從早忙到晚，沒時間好好收拾。」然後繼續愚公移山，想盡辦法剷除眼前紛亂不堪的雜物山丘。

在這不算熱的四月天，他開著冷氣竟是滿身大汗，而一旁無事的我，趁這空檔又細細看清這廢墟種種面貌，才發現正在轉動的電風扇上，不只是扇葉，連一條條網罩上都結了一坨又一坨的黑色灰塵條塊隨風胡亂擺動，而那佈滿塵蟎的風，正好不斷左轉右轉吹向我們兩人，我終於發出訝異的聲音問道，「這電風扇……怎麼看起來好像很久沒清了，感覺風都快吹不出來了。」

他冷看了風扇一眼說，「不會呀！吹一下就很涼了。」他的回應讓我哭笑不得，「你住在這裡都不會過敏，不會感覺皮膚癢癢的嗎？」「不會啊！」他搖了搖頭突然恍然大悟，「喔！妳會過敏嗎？」我無奈地點了點頭說，「我超容易過敏的。」說完還下意識地抓了抓臉，覺得全身上下正巴著滿滿的塵蟎四處遊走嘻笑。

又過了好一會兒，他終於稍稍清出電視機旁一片空地，趕緊喚我來拍照。一開始我們跪坐在滿是灰塵的地上開始討論該怎麼拍，才赫然發現廣角鏡頭不管怎麼擺，總是會拍到周邊紙箱堆成的高山，他死命奮力猛推那幾座雜物山丘，然後懊惱地說，「完蛋了，推不動。」

眼前一山接一山，根本無法解決，就算不斷調整拍照角度也沒輒，最後發現只剩下地對空的角度可以閃躲那些不該入鏡的東西。

但接下來問題又來了，電視機兩旁其實也紊亂不堪，於是他又再度無力地繼續清理這個新戰場，清到一半，我忍不住問，「你們家有沒有毯子可以蓋住這些東西？」他像是得救一般趕緊從房裡搜出一張毛茸茸的土黃色毯子，一下子就蓋住所有雜亂線條。於是廢墟在鏡頭下，粉飾得乾淨無虞，在一張張照片當中，我們笑得多麼開心，鏡頭外的世界，卻多得是大家不知道的真實人生。

「謝謝妳，懷萱，妳幫了我大忙。」歷經四個小時拍完幾張照片後，他感激不已從滿是雜物的角落抽出一個信封，拿出幾張大鈔說，「這是給妳的。」我說，「錢你留著就好，不過你怎麼把錢丟在這堆東西裡，這樣找得到嗎？」他尷尬一笑，「這算是亂中有序吧！」就見到他硬是將錢遞上來，「妳願意來這裡，我已經很謝謝了，而且讓我完成工作。」我再次推辭，相約下回吃飯。

走出這個廢墟，聞到外頭新鮮空氣，我反倒有些心疼，任誰都希望朋友來到自己家能留下美好印象，誰願意呈現如此尷尬難堪的一面？他肯定心裡糾結好一段時間，才讓我走進這間屋子。

日後我好奇問他，「為什麼敢找我來看你家雜亂的廢墟？」他笑著說，「因為我知道妳人好，一定會幫這個忙，而且妳願意坐我的破機車到我家，就知道妳不是一般女生。」

一般女生看到這樣的房子會是怎樣反應？也許會站在那裡嫌惡開口批評，抑或找個理由急急轉頭安靜走開，留下他自生自滅。至於我，就坐在廢墟裡只忙著想該怎麼盡快完成一切，這也許真要拜我從小環境所賜，谷媽媽要我們問題來了解決就好，多年工作也訓練我就算大地震當下，主播檯上絕不能驚惶失措，因為這樣會讓眾人透過電視更加恐懼。

不知道是不是就是這一天開始讓他突然勇敢起來，漸漸地我發現他變了。

「懷萱，妳好嗎？」兩星期後一個夜半時分，我的手機出現他的訊息，如同過去以往對他應了聲「好，怎麼了？」然後心想會不會是為了照片而來，雖說那時候想盡辦法避開廢墟慘狀，但恐怕還是被退件，所以這回應該是整理好屋子打算要找我重新再拍一次。做好再去他家拍照的心理準備，卻萬萬沒料到他接續傳來的訊息竟出現這樣的字眼，「只是很想妳。」

「想妳。」認識這麼長久時間，他從沒有在任何訊息中出現過這兩個字，我更是驚訝他會願意透過文字將自己心底最深層的想法破譯而出。一直以來，金牛座的他鮮少表露自己心跡，我也始終認定他只是個偶爾會找我吃飯的大學同學，維持無話不談的純友誼，或許某個時刻，他的眼神稍稍流露出對我的歡喜，我僅會認為那不過是在讚賞一個冰雪聰明的女同學。

然而「想妳」的字眼冒出來之後，我開始不明白他為何有了這樣的心思，第一時間抽絲剝繭，我一度判斷他傳錯了，但這幾個字又是那麼明明白白地從他的名字傳送到我的名字，難道如此燙人心窩的五個字，真有那麼容易發錯對象？

在這驚惶失措的深夜時分，甫定情緒決定問個明白，回傳他「為何想我？」他寫了句，「思念沒有為什麼？」什麼時候開始他思念我？我不明所以，更不知所措，只敢促狹地回說，「我以為我欠你錢沒還咧！」而他速速回言，「好險想念不用經過妳同意的啊！不然我會被妳拒絕八百遍了！」

短短兩句話，讓我的心頭猶如小鹿亂撞，羞紅了臉，唯一慶幸的是，他沒有看到我的表情，而我這時只簡單回了他，「你在寫詩嗎？」對我的嘲弄他毫不理會，只回了句，「週六妳有空嗎？約妳走走。」這邀約的目的是什麼，我渾然不知，趕緊翻了翻日誌，不巧那日從早到晚我都沒空，拒絕了他。而他不死心地追問，「星期天呢？我剛好有個活動取消，那一天妳會有空嗎？」

那個星期日下午，我出門了，剪了頭髮，買了衣服，然後隨意揀了間靠近服裝店的小飯館跟他見面，幫他點了碗牛肉麵，而我吃著炸醬麵，等著他說說心底話。沒想到兩人靜謐無言，專心吃麵，我想可能隔座客人緊貼著他，讓他羞於開口。

於是我吃罷就起身打算結帳，他驚訝地揪住我的手，趕忙翻出錢包，反倒換我阻止他說，「上回你請我喝了咖啡，這回我請你吃飯。」於是他嘟著嘴說，「等等我請妳吃點心。」才吃飽飯哪裡還能吃得下點心？但我不想讓人為一餐飯罣礙於心，更重要的是，我也想知道他今天會不會對我說些什麼，自是應允接下來的邀約，看我點頭，他才放心繼續將整碗麵吃完。

「嗯！懷萱，吃點心前，妳可以先陪我去買衣服嗎？」他的提議讓我意外，當了這麼多年同學朋友，我從沒跟他逛過街買過衣服，但我猛然想起他那廢墟裡一堆皺巴巴的衣服，想必他懶得燙洗，必然沒有可以替換的襯衫，所以兩人離開麵館，走向附近服裝店，沿途總有人一眼認出他來，讓我不免尷尬，因為我不想被媒體跟拍，啟人困擾。

就在緊張氛圍下，我老是瞻前顧後，他倒是從容不迫，挑了兩件襯衫，還花了時間研究這衣服什麼材質，會不會容易皺，耐不耐髒，透不透氣，好不好清理，好一會兒才帶著衣服離開這個人山人海的服飾店，我才終於稍稍鬆了口氣。

兩人接著直奔點心店究竟會不會有戲可看？我等著。只見店員拿著藍姆酒澆在冰淇淋上，全員有默契地大喊「volcano」，然後點了火，一抹藍光熊熊燃燒，直到化盡那球冰淇淋。火山都爆發了，而我仍在巴巴地等著解開一道謎題。

他一如往昔是個大胃王，吃光甜死人不償命冰淇淋蛋糕，聊的話題仍是工作，就這樣等了一下午，前兩天他所寫那通「只是很想妳」的訊息所為何來，依然鎖在一個秘密寶盒當中，沒有鑰匙可以打開。

天都黑了，我實在不想等，準備打道回府，他這時一臉誠懇開口問，「懷萱，妳可以再幫我一個忙嗎？」我有點沒好氣緩緩地說，「怎麼了？」他靦腆害羞地回應，「我參加一個歌唱競賽節目，等等就要播出，妳要不要陪我看一下這個節目？」接連請求，讓我不禁莞爾，這個男生四十八小時前說他想我，這原因歸根究底，難道只是為了要我幫他看節目？

於是我隨口回說，「你唱歌很好聽啊！應該表現很好，我等等回家看。」他有點失望地說，「不要啦！我想聽妳的評語。」我笑著說，「我又不是評審，哪裡懂得怎麼評分，你唱什麼歌？」「我唱『燒肉粽』。」「啊！為什麼唱這首歌？」我聽了傻眼，忍不住問他，他說，「因為這是台語歌唱比賽，我只會唱『燒肉粽』。」

頓時我腦中馬上浮現他戴著斗笠，騎著腳踏車，扯著喉嚨低沉地喊著「燒肉粽」的畫面，不禁當場噗哧一笑，他驚問，「妳在笑什麼？」我一臉笑意說，「你的聲音低沉還真像郭金發，說不定挺適合去賣肉粽。」

對我的玩笑，他絲毫不以為意，只嘟著嘴，再度試探，「妳要來我家看節目嗎？」「去你家？」我頓時想到上回讓人驚訝的場景，久久沒有回神，「嗯！不然妳覺得要去哪裡看？」他拋出疑問，我才深吸了口氣，勉強道了聲「好」！

在他不死心的邀約下，我又再度光臨他的廢墟，而我猜想，那個秘密寶盒是否就在那個廢墟中，等待被開啟？

果然經過兩個星期，廢墟依然還是廢墟，曾經我閃過一絲念頭，以為他會稍微整理一下，沒想到高山群再也沒有移動過，電風扇當然還是蒙著厚厚的成團灰塵，連上次拿出來拍照的東西也被丟在原來地方，動都沒動。他發現我仔細端詳屋裡種種，再次歉然地說，「真不好意思，我實在太忙了，沒時間收拾。」

「我知道。」拖長了聲調，我已然預料，「過去幾年都沒收了，這短短幾天更不可能開始收拾。」他吐了吐舌頭，趕忙將沙發上一堆雜物搬開，挪出一個小小位子給我坐，還忙著沖了杯熱茶給我，試圖善盡男主人的角色。我笑笑接過那一杯茶，手暖了，心也暖了，當然眼角還是忍不住探看杯底有沒有殘留過去的茶漬痕跡，確定乾淨無垢才啜了一口，品味與這房裡氣味渾然不同的香氣。

他比上回放鬆許多，「沒想到妳還願意再來我家，我以為上次妳看到堆積滿山的東西會嚇到。」我拉長臉問，「難道你是故意呈現給我看的？」「當然不是，我真的沒空收。」見他尷尬，我抿了抿嘴嘆了口氣，「我知道你很忙，只是沒想到你忙到連怎麼生活都忘了，真的很辛苦。」他涼涼一笑，「能活著，我不覺得辛苦。」或許是我敏感，竟感覺這笑中帶苦，還有些酸。

「我們來看電視吧！」他趕緊打開電視，像是要轉移焦點，「歌唱比賽還沒開始，我們先看棒球好了。」「節目什麼時候開始？」「七點啊！」「那不就還要再等一兩個小時？」不理我的驚訝，他開始專心看著棒球，然後一一向我解釋球賽種種，我這個一日球迷等於享有專屬體育主播即刻播報球賽，當然大部分時間聽得一頭霧水，問了不少蠢問題。

等到歌唱節目開始，聽了別人唱好幾首歌，才終於看到他低音唱著燒肉粽，然後交雜國台語大喊，「肉粽，肉粽，快來吃會贏韓國的肉粽。」現場觀眾全都開懷大笑，我也笑問，「你怎麼都不會緊張啊！」「不會啊！我大學時連白雪公主都演過，這只是唱首歌，哪裡會緊張？」想起白雪公主，那也已經是二十五年前的事。

「懷萱，謝謝妳陪我看節目，有妳在這裡我覺得很安心。」他這時深深望著我，我反倒緊張起來，搪塞回說，「這是你家，你當然覺得安心。」他搖了搖頭，「除了工作，我都一個人在家，現在妳來了，我才有人可以開口說話。」這一段話令人聞之心疼，我說，「可能你平常播球賽一直講話，所以老天才讓你在家好好休息。」他又淺淺一笑說，「有妳在，不一樣。」

他短短六個字，聽來讓我心頭一顫，素來冰雪聰穎的我又何嘗嗅不出這六個字背後的情意，屬於人生的戲劇又要開啟另一道簾幕了嗎？這時他開口道，「妳會不會覺得我們兩人很像。」「會嗎？我們哪裡像了？」我一頭霧水緊盯著他的面容，試圖找出他認為相像的地方，卻渾然看不出端倪。

他說，「這麼多年下來，我發現我們百分之八十觀念相近。」「是嗎？」天性反骨的我立刻回嘴，「也許那是因為我們出生在同一個年代，上了同一所大學，兩人認知自然比較相近。不過就算黑猩猩跟人的 DNA 只有百分之一點二四的差異，但人是人，猩猩仍舊是猩猩，就算相近，也差距很大。」

他呵呵笑說，「懷萱，妳真可愛，我好喜歡妳這樣，我們兩人相近當然跟黑猩猩無關。」這應該是第一次聽他說我可愛，讓我住了嘴，怔怔看著他，就聽他說，「妳一直知道我不打算生小孩。」「我知道啊！每次提到小孩你都會強調這件事。」他點頭稱是，然後說，「我記得妳大學也說過不想生小孩。」「我不記得了。」我隨口回應，卻見他出現詭異笑容，「妳說的話，我常記得。」

「唉呀！那也只是一個想法接近，這個世界上有很多人都不想生小孩啊！」我依然試圖想要狡辯，他聽完只是笑了笑，過了好一會兒，他竟說，「我可以抱妳嗎？我想抱抱妳。」這般唐突要求，讓我倒抽一口涼氣，久久動都不敢動，瞬間石化。

他笑臉盈盈將我拉向他，然後抱了個滿懷，霎時間我以為我應該會推開他掙扎起身，不知為何卻沉沉地耽溺在這溫暖的懷抱裡，連一絲一毫的驚訝都沒有，我反而被自己這樣的恬適自然嚇到，因為我並不喜歡太靠近任何人，甚至非常害怕太熱情的人。整個人貼著他的胸膛，直聽到大大的心跳聲，那噠噠的節拍，似乎在兩人之間不斷敲出新的曲目。

就在此刻，一股熟悉感覺油然而生，這個熟悉並不囿於這一生相識幾十年，而是

2015 年 5 月 17 日展元想勇敢告白卻欲語還休。

告白後展元藉故相約，懷萱煩惱同學怎麼變情人？

一種亙古以來的交會，彼此心靈相屬，這是我過去這一生從未有過的體會。

我發現自己嘴角竟出現微笑，忍不住問他，「好奇怪，為什麼我一點都不緊張？難道是因為我們認識了二十五年嗎？」他說，「不是的，那是因為我們彼此相屬，終於等到這天，抱著妳，我可以感覺到妳心的溫度。」就見得時間在眼前流逝，任由虛妄的數字挪移，兩人不需任何言語，心靈就能相通。

但又不知為何，我頓覺一股心酸苦楚，好似這一抱，其實錯別許久，而今才終於回歸。「我怎麼感到難過心酸呢？」聽著我的問題，他竟回說，「我也是，也許是妳讓我等得太久，等了千年。」「是呀！也許真的等了好幾世。」說罷，我渾身起了雞皮疙瘩，只聽見他在我耳邊輕輕地說，「懷萱，妳有沒有想過，我們兩個人在一起。」

「在一起」這三個字繼「我想你」之後，轟然而降在兩人之間，我頓時心跳加速，抬眼看了看他，恍然以為剛剛根本幻聽幻覺，他萬分期待我有個完美回應，卻見我為之語塞，他就此心頭紛亂，皺起眉來，一臉鬱鬱。過了好一會兒，我才喏喏地回說，「你要我們在一起，但倘若兩人不適合，會不會連朋友都沒了。」

終究我的理性超越感性，他著急不已地試圖說服，「我相信我們會好好在一起的。」但對人世間所有緣分已然信心薄弱的我說，「我不敢再談感情。」他趕忙再說，「我相信我們會幸福的。」慌亂不已的我竟是想出了千百個理由，不斷絮絮叨叨地說，「我怕是我不能讓你幸福。」他雙眼含情脈脈，認真地看著我說，「不會的，跟我在一起，妳會幸福的。」

誰能拒絕這般深情不悔地告白，然而我卻心焦意亂，「或許我們的時間還沒到。」聽到這裡，他頗感失望，「妳是在拒絕我嗎？我一直相信，若是有情有緣，兩顆心會自動靠近。當我告白的女生跟我說，她不喜歡我，我們不可能在一起。我會馬上轉身離開，自己舔舐傷口。我不會死纏爛打，自討沒趣。」

「那就別死纏爛打，我們還是不要在一起，以免有天後悔今天開始。」眼見我這般絕決，他緊緊抱住我，「我不會後悔今天開始，只後悔我們沒有早點開始。」「早點？」我搖頭說，「那個早點又是什麼時候，當時的你為何沒有勇氣開口？」他沉吟一段時間才說，「那是因為妳我總是不斷錯過，現在我們終於有機會在一起，這一次我不想再錯過，我真的不想再錯過。」

錯過了，還能在一起嗎？看著他誠摯無悔的眼神，我心跳急速，原本想發話質疑的嘴角竟是持續泛起甜蜜的微笑，這個我認識四分之一個世紀的男人，以為兩人熟得不能再熟，但這時的他卻讓我陌生不已，這一次，可以說從來沒有一次，他的話像是這樣堅定無悔，我當然不免閃現一念，或許我們兩個真的應該在一起。

但理智是個可怕的朋友，面對幸福的門口，我又像隻驚慌失措的小鹿，試圖掙脫愛的困索，就怕上帝又跟我開了一個小玩笑。這麼熟悉的人真能夠在一起幸福一輩子？會不會過去是朋友，看不到彼此缺點，一但成為情人，那層神秘薄紗褪去，看到對方，卻反而無法接受？

「我想認識真實的谷懷萱。」他見我始終不語，突然加碼說出這句話，偏偏正是這句話頓時讓我清醒，反過來問他，「什麼是真實的谷懷萱？」他笑著說，「一直以來，懷萱都是大家認識的那個人，我想要認識真實的妳。」這句話對女生來說，算是美麗的情話嗎？原來在他心中，自己居然還是那麼的不真實，反過來想想，會不會真實世界的他，也不是我所想像的那個人。

於是我想，可能我們真的會在一起，或然我們會再度錯過，但這一夜，我需要更多時間想清楚，這場許是千年一遇的情誼，為何此時才翩然相見，究竟踏實如真，還是終究夢境？遑論噩夢，抑或好夢，都讓我對上蒼巧妙安排滿是驚喜，卻又驚懼駭怕，到了最終，我在他家層層疊疊的喜馬拉雅山漸漸清醒，走出廢墟，回到自以為理智的現實。

To: 懷萱

2015.7.25

祝 生生世世
幸福快樂!!

展元藉寫自傳之便在扉頁留言給懷萱，表達愛意。

第三章

蒹葭

蒹葭蒼蒼，白露為霜。所謂伊人，在水一方。

不知為何，二〇一五年五月天異常熾熱，空氣中彌漫氣味也特別躁動，難道就此讓他昏了頭開口告白？想起這個晚上，他緊緊擁抱，眼神真切對我說出「執子之手，與子偕老」這八個字，我不由得回想二十五年前，他也曾對我說過這兩句話，當時不過像是閒聊兩句，但我萬萬沒有料想到，歷經這麼多年之後會再度從他口裡聽到，而這回是他對我許下畢生誓言。

「執手偕老」，多麼美麗的許諾啊！走在回家路上，我欣喜萬分卻又悽悽惶惶，不斷拾起我們在這個晚上所說過的片片段段，然後試圖牽繫兩人之間的情誼。想起他說，依然誠摯信仰一但牽起對方的手就要相守一輩子，然後緊緊牽著一千年，一萬年，再也不放手。

當愛就在眼前發出閃耀光芒，說我絲毫不心動是不可能的，但不知為何欣喜之餘，我還倍感惶惑，甚至心酸難忍。

「好奇怪，我怎麼有一股心酸的感覺？」回想窩在他懷裡，我開始莫名傷懷，這感受深刻難解，就聽他說，「我不只心酸，還想落淚。」我抬頭看了看他，果然眼眶泛著淚光。其實在「好想贏韓國事件」之前，我並不知道他是這麼感性的人，而今他竟為了我心酸，甚至熱淚盈眶，讓我頗為感動卻也不知所措。

「誰教妳這樣。」他抹了抹眼淚，「妳讓我等妳等了千年吧！一直以來，妳就像個冰山，阻隔每個人，沒有人可以輕易靠近妳的世界，包括我都被鎖在冰山外。」

「我像個冰山嗎？」我問，他點頭道，「妳總是像個冰啊！不經意就會潑出冷水，但緊緊抱著妳時，我終於感覺到妳的溫度，心的溫度。」原來在別人眼中，我是個不夠熱情的人，甚至冷不防會說出傷人的話，總是拒人於千里之外。

究其原因，我其實清清楚楚，那是因為自己非常膽小，始終畏懼他人太靠近，一旦付出感情，就會義無反顧掏盡所有，倘若對方辜負離開，就會傷心許久，演變到將來我不喜歡所有關係，甚至養貓養狗養動物都讓我害怕，怕牠們的熱情讓我完全無法回饋，於是我寧願躲進零下六十度的冰山裡，進入冰山之心，也讓我的心，凍成冰山。

高中時，聽說同校男生就曾給我起了「冰山」的綽號，只因總是面無表情走過男生面前，當時覺得這群男生無聊至極，如今才知道，原來我早就害怕這世間瞞騙無良，常常幻想自己行走在人群間，任何人都看不到我。

但這回他硬是拿了個驚天巨釜劈開冰山，將我救出廣寒之地，回到地球表面。是不是因為終於有個誰能令千古以來的冰山融化，自己真實面貌即將露出，於是我冒出萬般心酸的感覺？

似乎害怕屏障老久的冰山被他融化，缺乏安全感的我又開始忙著潑冷水，「你現在才出現，實在太晚了？」「怎會太晚？」他不解地看著我，我緊咬下唇，然後狠狠地說，「因為我再也不要談戀愛，談感情實在太耗損人心，常常要花時間花力氣去搞定另一個人的情緒，還不如自己一個人開開心心度過每一天。」他瞬時緊緊摟住我說，「我不會讓妳一個人，我會好好照顧妳，相信我，我們在一起會幸福的。」

「你怎麼確定我們會幸福？」我一臉疑惑抬頭望著他，「我怕我們如果在一起之後又分開了，恐怕連朋友都做不得，我不想失去你這個好朋友。」我不知道這麼熟悉的朋友變成情人，如果更靠近一步，迷離朦朧的美麗面紗一揭開，會不會最終看到的盡是不堪醜陋？而到了最後，辛苦維持二十五年美好的純友誼，會不會就此難堪結束？

一路以來，我始終認定他只能是同學，倘若轉換身分，就變得分外尷尬，在他告白之前，我都相當自豪有個哥兒們會跟我說 man's talk 心底話，現如今他要打破這個純友誼神話，以後世間人人怎麼還能相信男女之間會有純友誼？

況且身邊還有一群人跟著我們一齊維繫這份純友誼，當兩人關係改變之後又將如何解釋？「要怎麼跟其他同學說？」對我的焦慮他驚訝不已，「就照實說，我們在一起很棒啊！難道妳不想告訴大家？」我嘟著嘴回他，「可要是說了之後，沒多久我們分手，大家相約見面還要弄得有我就沒有你，不就分外尷尬。」

他認真凝視我用充滿磁性的聲音強調，「不會的，我不會讓妳離開我，我要做妳一生的朋友，而且做妳的情人，疼妳一輩子。」我著實不敢相信這些像是言情小說裡才會出現的對白，竟從他嘴裡說出來，過去他甚少在同學之間聊私人感情，更不會輕易吐露私下生活種種。

「但你還是來得太晚。」希望他打消念頭，我淡然地說，「我已經不再年輕了，還是請你去找年輕女孩相守一生。」不知為何他突然像似為之氣結，一字一字咬著，「我沒有要跟年輕女孩在一起，也沒有年輕女孩要跟我在一起。」「怎麼會？球場不就一堆年輕妹妹？」他垮著臉回說，「她們都當我大叔啊！我的年紀都快跟她們爸爸同輩了。」

「所以你曾經想過要跟她們在一起？」咄咄逼人的問題連續出招，我的冷水越潑越強，「我覺得你跟那些女孩們走得太近，我無法接受。」他急忙回應，「她們都只是工作上的同事。」我嘟著嘴說，「那為什麼你的手都放在她們後面？」他氣急敗壞地說，「我的手沒有碰到她們，那是拍照角度問題，這麼多年下來，妳知道我對女生都是彬彬有禮。」我摀著耳朵說，「我不相信。」

「齁！」他開始不斷解釋，「我真的跟那些女生沒怎樣，誰我都不喜歡，我就是喜歡妳啊！」見他咬牙切齒地說了這幾句話，我不由得語氣放軟，「你什麼時候開始有這樣的念頭？會不會是你偷偷跟誰打賭，或是在當姜太公釣魚，到處布餌，看哪條魚會自動上鉤。」

「我最討厭男女之間搞這些無聊遊戲，懷萱，一直以來，我就是很喜歡妳啊！」「是嗎？為何一直都不肯告訴我？」認識二十五年，他突然對我說出如此情意綿長的話，我卻無法相信這般告白，總認為好事不會降臨我頭上，非得緊迫盯人，就等一個徹底解答。

此刻他一臉惆悵，透了口氣，緩緩道來，「大學時妳很快有了初戀男友，工作沒幾年妳就結婚了，總以為有人在妳身邊照顧著妳，到妳離婚時也沒跟我說，恰好那年我也結婚了，我們兩人就此不斷錯過，懷萱，我始終都在心裡默默祝福著妳，相信妳會很幸福。直到最近，聽妳說現在一個人，而我也離婚經年，我想再不告訴妳，我喜歡妳，可能再也沒有機會。」

這麼深情的答案，讓我傻在當場，就聽他繼續說，「感覺走了那麼久，現在我們身邊都沒有別人，是機緣到了嗎？其實我也不是那麼確定，但不試怎會知道，我只知道若不開口，我也許就會抱憾終生了！」我問，「這有什麼好遺憾？」「當然會啊！」他定定看著我說，「或許我倆是天作之合，或許我倆根本就不適合，但我沒跨出這一步，確實會此生遺憾啊！」

原來這段感情早就鋪陳那麼久，埋得那麼深，是我駑鈍至極，所以不斷錯過了嗎？我不免心生怨懟，「要是你早點告訴我，會不會我們早就在一起了？」「應該會啊！」「所以是你讓我們錯過了？」他翩然一笑說，「也不是，這應該都是老天安排吧！因為我總相信相愛的人自然會在一起。」

「相愛的人要怎麼自然在一起？」我忍不住驚呼，「你過去從沒跟我告白，我怎會知道你想跟我在一起？」他笑笑看著我說，「有啊！我有跟妳說過。」「哪時候？」「去年啊！」「我怎麼不知道？會不會記錯了，你是跟別人告白吧！」「怎麼可能？」此刻他娓娓道來，「還記得去年我問妳有沒有男友，說要介紹男生給妳認識，妳還問我那個男生年紀多大，我說同年，那個男生就是我。」

「是你？追求我又不丟臉，你當時沒說清楚這人是誰，我怎麼會曉得是你，為何這麼拚命維護自己，難道擔心我拒絕，才說得這麼小心翼翼？」我滿是疑問追問著，只見他說，「我不怕被拒絕，只是想先確定自己的心。」「所以你那時根本不確定是不是喜歡我？」我埋怨地問，他誠摯地回，「不是的，我想要先將自己準備好。」

我不死心再問，「所以說一直以來，你心裡總有個我？」他終於坦承，「一直都有啊！差別只在於隱性還是顯性。」究竟磨了多久才教一個害羞慢熟的金牛座人願意勇敢開口？好不容易挖出這個天大秘密；我再好奇追問，從什麼時候開始他就準備向我告白？「準備？」他說，「在心裡想了千百回的事，不用準備啦！」原來在他的人生場景中，我的身影被他擺進了千百回，但為何我毫無所悉？

不，隱隱約約我好似看到一些蛛絲馬跡，細想過去二十五年朋友情誼，好像有那麼幾次他曾試圖表明他喜歡我，但金牛座個性內斂，總說了些不著邊際的話，感覺隱晦，不算明朗，讓我老以為那只是友達以上、情人未滿，完全堅不可催的純友誼。現在終究恍然大悟，原來他曾說，他認為男女之間根本沒有純友誼，或然是某種屬於金牛座才有的隱藏版告白。

曾經在一場小圈圈同學聚會，眾人提到生與死的嚴肅話題，他告訴大家他希望人生最後一趟旅程，是在化為骨灰之後，將之埋在棒球場三壘旁，這段話說畢，大家毛骨悚然，而我則是不明白為何他全程盯著我的回應，直說這任務太難了，捧著骨灰一定連棒球場都進不了，他一臉萬事拜託地對我說，「唉唷！就趁著月黑風高進去埋啊！」

眾人聽了都瞠目結舌沒想理他，我還繼續認真說，「要是真的去埋了，之後的棒球比賽可能老覺得三壘有人，這實在太嚇人了！」他聽了也只是對著我吃吃地笑，但我現在才頓悟，也許當時他已經認真選定我，要我完成這個艱難任務，但這任務實在太可怕，膽小如鼠的我趕緊告訴自己，應該是我想太多。

真是我想太多，還是我始終忽略他的心意？我想起，不過幾個月前，曾跟他分享，有人在臉書說台北市區竟然開了梅花，正好就在我家附近，但不知花開何處，他聽了

這群大學同學年年見一次面，串起兩人情緣。

谷懷萱
展元主播大學時代就愛棒球 就算職棒出現假球危機 他還是很堅持對棒球的熱愛 這當中一路的棒球生涯 他有機會做別的工作 但他就是愛棒球 也就一直跟棒球戀愛這麼多年
他從不後悔 也很堅持 要繼續為棒球奉獻自己
我很能理解他的眼淚 每次球員的努力拼勁會讓他熱淚盈眶 有時候比賽的精采過程會教他眼眶泛淚 更可能只因為大家一條心為棒球加油的熱心熱情 都會令展元激動無比
台灣 這樣堅持的人 是應該要鼓勵支持的 您說對嗎

展元「好想贏韓國」風波，懷萱臉書留言打氣。

展元自傳多放懷萱照片，
女同學差點猜中戀情。

興致盎然央求我改天帶他去看，我不以為意隨口答應，結果幾天後，他果真找了我，說要看看梅花還開著嗎？我心想，那不過是一句閒聊，他竟然記掛好幾天，雖然天冷，但仍答應了他。

於是他騎著機車來找我，在寒冬中，我們花了好一些時間才找到高樓大廈前一個小公園，真有幾株白色雪梅在冷風中昂然而立，凍得發抖的我們在殘弱夜燈中佇立欣賞，詩情畫意，風雅至極。

這時他說，「拍個照吧！」我自是拿起手機開始拍起梅花各種姿態，他也幫著出主意，建議我怎麼拍才好看，看我拍完，二話不說他也拿起手機，揮手要我靠近，說要以梅花為背景拍照，這時他突然緊摟住我的腰，這一摟，好像跟過去兩人之間總是有所距離，禮貌以對，有那麼一些不同，但我當時依然說服自己，那是因為自拍畫面得塞進兩個人，而他一定當我是超級好朋友。

後來騎機車送我回家，冬風吹來更添冷冽，他問，「懷萱，妳冷嗎？」我咬牙回說不會，但他卻趁等紅燈時，大手向後一伸，將我的手抓著揉著，然後放進他大衣口袋裡之後繼續騎車，這一刻我才知道原來他的手因為天天騎機車滿佈厚繭，而我也因為這一拉緊貼他的背，雖說他大大的鋪棉外套阻擋兩人，但這在過去鮮少出現的動作，依然教我十足尷尬。

現在想想，這或許也算是他的隱藏版告白，那麼這個哏也真的鋪太久了，偏偏這樣的事還不只一樁。

一回他傳來自拍照片，照片裡有我，卻看來模糊陰森，他得意地留言，「我跟妳合照了。」那是他到我公司幫忙節目配音，看到大樓一樓貼了我節目宣傳照，於是開心拿起手機以我照片做背景自拍，立刻被大樓警衛制止，一見照片沒拍成，他依舊不死心，偷偷躲在電梯口遠遠拍了一張照，然後傳給我，證明他來了，但當時我很忙，只簡單回了「歡迎光臨」，兩人自然咫尺天涯，見不著面。

結果下個星期他又來了，又照舊拍了照片傳來，照片看來清楚明亮，我問這回警衛不攔他了嗎?他說，因為特別拜託工作人員幫忙，說他想在這樣的角度下拍照，見到公司人員首肯，警衛也就當場過關。我笑說為什麼非得要冒著被罵的風險拍照，他就回了一句「嘻嘻」。接著每週他都拍照傳給我，我也老以為這只是他頑皮地跟同學打招呼，始終不以為意。

「下回來，我可以跟妳吃午飯，有空嗎？」於是從傳照片到吃飯，在他告白前的一個月，我們開始不尋常地比往年更常見面，但席間他的言談舉止之間並未有任何表態，聊的盡是工作種種，就算我心裡偶爾飄過一絲質疑，也不過在腦中稍稍待了一秒鐘，然後就被大量理性沖散。也許這一週一兩次午餐約會，就是他「自然會在一起」的模式，而我自然認為他只是不喜歡一人吃飯，趁工作之便找老朋友一塊吃。

想到這，我頓時明白，難怪這段時間相約吃飯，他曾一臉誠懇要求，「懷萱，妳

貼這自拍照，展元以為懷萱會明白他用心傳情。

兩人賞梅，拉近距離，懷萱仍不知展元動心。

很懂吃，以後可以帶我吃遍各種美食嗎？」當時我還狐疑，「不是很多朋友找你吃飯？」他搖了搖頭，「除了工作之需，我幾乎只跟妳出來吃飯，妳就是我的朋友。」我不明所以回說，「我們認識那麼久，當然是朋友。」

看到我拿起公筷母匙小心舀著菜，他竟當場把自己才放進嘴裡的筷子往菜裡一攪，然後說，「沒關係，我不在意妳的口水。」這樣突兀的動作著實嚇到我，我瞪大眼睛回說，「你不在意，我在意啊！」他瞇著眼堆著笑臉繼續拿著筷子攪著菜，然後笑著說，「以後妳就會習慣了。」

這句話說得我心頭納悶不已，感到唐突，甚至覺得有些沒禮貌，現在想想，難道這也是屬於他某種含蓄的表態？這人種種舉動在當時看不出完整意圖，而今整個愛情拼圖拼湊起來，才發現原來這一切都是有心鋪陳。

但更教我驚訝的是，似乎老天也預知這一切相遇？這話說來實在玄妙，也是我一段奇遇。當他緊緊抱著我告白時，說他等了我千年，我不意回說也許我們等了好幾世，當場渾身起了雞皮疙瘩，因為我瞬間想起觀世音菩薩曾經給了我一段話。

我告訴他，「大約八年前，我去台中大甲鎮瀾宮做外景節目，訪問廟中一位身份非常特殊的人，說她能天通，聽得到觀世音菩薩的指示，而在成為乩身之前她根本是基督徒，在台中做生意，原本做得好好的，有天生意出了狀況，健康出了問題，家人也不平安，她在夢中連續多天夢見觀世音菩薩，指點她要為神明辦事，身為基督徒的她怎麼可能照辦，卻接連厄運不斷，毫無起色。」

「直到有天，她覺得運氣不能再壞下去，決定去大甲鎮瀾宮看看怎麼回事，到了廟中就聽到觀音菩薩指示，要她幫幫來廟裡求神的人，於是她被迫接下工作成為乩身，就此全家生活一切回到常軌，生意興隆，健康平安，家人萬事順利。」他聽了這段吃吃笑說，「這麼厲害。」我點了點頭說，「更特別的是在後頭。」他睜大眼睛等著聽個分明。

「對乩身說的故事，我一開始半信半疑，完成採訪工作後，準備收拾離開，這時她告訴我，『我知道妳不是很相信我剛剛說的話。』我有點驚訝地望著她，心想方才閃現的想法怎麼會被發現，接著就聽她說，『其實妳跟觀音菩薩很有緣，只是現在時候未到。觀音菩薩有話要對妳說，祂知道妳有問題想問祂。』這可真的奇了，當時我諸事不順，確實滿腹疑問，心想難道真有神諭！讓我好奇至極。」

「觀音菩薩跟妳說了什麼？」他聽到這裡也忍不住追問，我要他別急，笑著解答，「我問菩薩我的工作能不能順利？結果乩身代為回應說，『妳的工作沒問題，別擔心，之後會有好的機運。』」聽罷，他點頭說，「確實準，妳後來主持節目確實收視非常好，但妳只問了這個問題？」

「當然不是。」我瞧了他一眼，然後羞紅了臉小聲地說，「我問了菩薩，什麼時候會有好對象？」他笑得開懷，然後緊緊盯著我，等著神諭告知，「觀音菩薩說，我會跟同業在一起。」他聽了開心笑說，「同業？我們是同學也是同行，都在當主播，那不就是在說我？」

我斜眼看著得意忘形的他，忍不住回嘴，「我哪裡想得到是你，而且身邊周遭的男性同業不是結婚了，就是身邊已經有人，哪裡有合適對象？於是我再請問觀音菩薩，『這人我認識嗎？』結果菩薩笑而不答。」聽到這兒，他自是笑得開懷，「妳已經認識我二十五年，菩薩當然笑而不答。」

不理他的樂不可支，我繼續說，「後來再追問，什麼時候會跟這人在一起？『觀音菩薩說緣分自然會到，還要再等等幾年，要我別急。」他開心地說，「是不是，妳現在就等到我了！就說我等你千年，我們本來就該在一起。」

這人沾沾自喜的樣子，讓人實在想打他一拳，我沒好氣地說，「這段奇遇我始終放在心裡，但說實話，我依舊半信半疑。」他抓著我的肩頭，定定看著我，「不要懷疑神明說的話。」觀音菩薩為我欽點的人真的是他？我依然不知道，至少他告白後，我感覺一切不可思議。

直到躺在自己床上，我這才發現，一整個晚上我根本漏問了最關鍵的問題，趕緊打開臉書，點了訊息，打下四個字，「你愛我嗎？」「大哉問！」不到一秒鐘，他回言，「會強烈想念妳，算不算愛？會想知道妳好不好，算不算愛？」

這就是愛嗎？也許是了，但我試圖讓自己清醒點，回了這段話，「也許你心裡有個我，但不是你的心裡都是我，我知道你心裡有一個我，但離愛我，還是不同。」我不知道自己會否只是他想念的許多人當中的一個，而他身邊不知還有多少人？他回說，「我天天都想起妳，而且妳不覺得我們兩人真的很像嗎？」

我們真的很像嗎？「妳有沒有發現，我們兩個人吃蝦子時，都懶得用手剝，都是用嘴啃？」對於他認為的「巧合」，我只覺得一陣冷風吹過，「這樣算是很像嗎？」他繼續回言，「妳不愛小孩，我也不想生，這也是很像的。」我說，「那是因為我害怕承擔另一個人的人生，責任太重了。」「我明白。」他點頭說，「所以我養魚也不給他們起名字，就叫牠們『魚』。」

「還有啊！我們最愛的日劇都是『101次求婚』。」我不禁噗嗤一笑，「這也能湊數？」

看到他這樣努力連結我們之間，我還真發現命運出現有趣的糾結。我在台北景美出生，自我一有記憶卻是在高雄念幼稚園，為何短短幾年南北奔波異地而居是因為我的父親是軍人，隨著部隊移地訓練根本是家常便飯，對早年軍眷來說，都有經常被迫跟著爸爸搬家的心酸記憶。

然而童稚時期在高雄的我，卻遇不到在高雄美濃出生的他，原因是他自小就舉家到台北，童年時對高雄的回憶反倒付之闕如。老天就是這麼有趣，一個走南，一個闖北，明明我們兩人碰不上，偏偏這般有緣被牽繫起來。而且他說，其實他從小就立志要當漫畫家，長大想去北一女教國文，要是當時兩人沒唸文化新聞系，我們肯定此生緣慳。

但在他告白之後，我們倆真的就此牽上紅線？我遲遲不敢接下他遞上來的姻緣線，始終猶疑躑躅做不了任何決定。

想起他家堆積如山的雜物，滿是灰塵塵蟎的空氣，想起他曾告訴我，過年時他好幾天沒洗碗，廚房水槽堆著又髒又油的發霉碗盤，對這一切真相，他毫無遮掩，但也代表倘若我接受他，得要解決這些問題，整理清潔不是問題，問題是，他是真真正正想要一個女主人，還是需要的只不過是一個女傭人？生活在廢墟裡的他，是不是一個需要人伺候的大老爺？

真實的他究竟是怎樣的人？我開始徬徨起來，認識這麼多年，其實我真的不認識他，現今才發覺，我並沒有太多機會深入瞭解他的真實人生，對我的疑惑，他貼上一個笑臉，「現在開始妳有機會好好了解我了。」但我依舊緊皺眉頭，心中仍有憂心未解。

為了繼續擁抱最愛的棒球播報，他離開大電視台，開始早出晚歸毫無休假辛苦打拚，才終於打下邀約不斷的工作基礎，如果我加入他的人生，已經忙到沒時間打理生活，甚至連吃飯都幾乎沒空的他，哪裡還有空缺留給兩人世界？「沒辦法好好經營感情，還不如不要開始。」這兩句話不斷在我心中旋繞。

於是我下定決心拒絕他，深夜時分在臉書寫下一句，「我們不適合在一起」。他回問為什麼，我說，「因為你太忙了。」他趕緊回言，「我再怎麼忙都會把時間留給妳的，而且我來努力搬磚，讓我們有更好的生活。」看到「搬磚」兩個字，我不由得笑出來，好似有個細瘦的身影在脖子上圍了個毛巾，滿身汗涔涔，佝僂地扛起一肩頭的磚，走在夕陽下。

就見到這人繼續寫著，「男人就像個搬磚工人，他抱著磚，就沒法抱你；他放下磚，就沒法養你。」「這不是網路貼文嗎？」我傻眼地問，他「嘻嘻」以回。

我認真回說，「你現在正是事業衝鋒期，得用更多時間搬磚，一般人也許二三十歲起家，你從四十歲開始，我為你加油，但不好占用你的時間，這代表我們在一起的時間不對，所以你好好去搬磚，不要花費太多心思來談感情。」

接著就看到他回敬一大串，「我……我受不了了，我決定要跟妳分手，原先我以為我是被夾在幸福和痛苦之間，後來發現我是被排在幸福和痛苦之外；雖然追求的本身就是一種收穫，付出的意義就是一項取得，我寧可斷不可亂，也不願剪不斷理還亂，我要跟妳一刀兩斷。」

我頓時啞口無言地回應，「這不是『這一夜我們說相聲』的段子嗎？」他喜孜孜地回說，「我現在還會背這相聲段子，反應快吧！嘻嘻！」見我沒有太多反應，他趕緊收理調皮率爾的態度寫道，「我明瞭愛情是雙向的，妳情我願勉強不來，或許妳的冷淡冷漠，拒人於千里之外，也會讓我打退堂鼓，或許妳的熱情會讓我勇往直前，兩人終究可以水到渠成。談到感情，誰也說不準的。」

「妳應該知道我喜歡妳，想跟妳在一起，我就只是很喜歡跟妳相處的感覺，所以今晚希望等到妳一個答案，但我也知道妳不會那麼快就給出個答案。」他等著一個答案，但我剛剛不就拒絕他了嗎？我回應，「我只想讓你好好做你，讓我好好做我，但目前我找不到可以讓我們好好做我們的方法。」他驚喜回說，「這真是經典名句，我喜歡妳的想法，不過這時妳該睡了。」

眼見已經夜半兩點多鐘，我們臉書大聊特聊，根本忘了時間，我告訴他，「好吧！我想我需要時間再想想，也許做個夢問問。」雙魚座的我決定將這個難解問題交給老天。只要碰到人生難題，我都會問問天上神佛，如果可以的話，就讓我在夢中得到答案。他也對這個答案充滿好奇，請我要是夢到了什麼，一定要告訴他，我回說，「這要看天上神佛願不願應允你啊！」

那一夜，我真的發了一個夢，感覺像是在學校裡課堂中，詳細內容記不得，只知道夢中的人都是歡喜自在開心笑著，還不斷傳來梁祝小提琴協奏曲一段活潑快版，那段描摹的是梁山伯與祝英台讀書上課的快樂時光，我和他大學同窗四年，同學之間確實也歡樂無比。這算是喜夢嗎？我不知道，只知道梁祝是七世夫妻，但最後結局實在不妙。

他隔天問起我究竟做了什麼夢，我嚅嚅告知，他一聽是「梁祝」完全不以為意，還認真聽完我傳給他各種版本「梁祝小提琴協奏曲」那段快板，他覺得樂曲好好聽，萬分歡喜，認為我們之間肯定有著天上神仙欽點的深遂緣分。但就算老天欽點，我還是遲遲不敢向前迎接，於是他等著，我也等著，兩人不知等些什麼，也許是在等著老天冥冥中的安排。

有一天，我又做了個夢，一個白色的鬼有著許多腳，從我的腳下爬上床來，接著緊緊壓著我的被舖，壓得我喘不過氣，動彈不得，甚至就快要把我活活壓死，這感覺真實無比，驚得我叫不出聲，猛然出了一身冷汗，過了許久，白影終於離開，留下驚惶失措的我，一臉發白癱軟在床上。

拿起手機一看，不過夜半一點，天那麼黑，夜那麼深，離天明還要好一段時間，我順手點開臉書，竟發現他的名字旁亮著小綠點，就像快要溺水的人抓到一根浮木，趕緊跟他說我做了噩夢，他速速回言，「快念佛號。」我回說，「念了，我還罵他死傢伙，說我不怕他，然後趕快醒來，渾身發麻發冷。幸好你在網上，趕緊講話才終於回暖。」他回說，「我一身正氣囉！」

「謝謝你的正氣，你怎麼還沒睡？」「我在寫自傳啊！妳別怕，以後要是再做惡夢，隨時告訴我，我半夜都在查棒球資料比較晚睡，會看到妳留言。」看到這兒，我感動地說，「我剛剛好像看到黑影，想去廟裡拜拜，你有時間陪我去嗎？」「什麼時候？」「等我下班後，想去我家附近土地公拜拜。」「好啊！」他不假思索馬上答應，「別擔心，我在，妳快睡。」

下班後兩人相約去見土地公，他卻大遲到，等了半個多小時，才見到一臉倉皇的男人，騎著機車奔到我面前，不斷道著歉說，「我今天參加活動，一直在跑步，跑得一身汗，腳都軟了，剛剛活動一結束，我就趕來找妳，讓妳等這麼久，真是不好意思。」我輕笑說，「你願意來，我就很感激了。」

看他拚命解釋，我反而笑得開懷，心中僅剩的一絲害怕，瞬間煙消雲散，「我們去見見土地公公吧！祂很疼我的，常常帶我走過困境。」他點了點頭，兩人一起就在神明前真心祈禱，就見他拚命點頭如搗蒜，對著土地公深深鞠躬好幾下，虔誠不已，我忍不住問，「你跟土地公公說什麼呢？」「我請土地公好好照顧妳啊！」

「騙人。」我促狹地望著他，他真摯地說，「我不會騙妳的。」不知為何，這人說的話就是那麼讓人入心，「謝謝你今天做我的英雄。」「謝謝妳讓我喘口氣，剛剛的活動我跑得累壞了。」他吐出舌頭，連喘了好幾口氣。

「所以你只是來喘口氣的？」我的感激之情頓時減了對半，他見到我變臉，趕緊回說，「我當然是來陪妳見土地公的，妳現在心情好多了嗎？」我望了他好一會兒說，「我怎麼總覺得，你就像個小男生一樣。」他氣嘟嘟地拉長聲調，一手握拳說，「怎麼會？我是男人，不是男孩。」看他這樣認真回應，我不經翻了白眼，「說話這樣幼稚不就像個男孩嗎?」

「齁!我真的是男人啦!」他滿臉無辜睜眼相對,我才發現他有著一對捲俏的睫毛,配上略顯稚氣的態度竟是如此合搭,過去我從未敢這麼近距離盯著他瞧,因為生性害羞,不太敢跟人直視對看,但現在看個清楚,竟讓我怔怔看傻了眼。

這時,旁邊不知哪家傳出一對母女在吵架,女兒不斷狂哭狂叫,打斷我們對話,這時他說,「會不會有天妳會想起,我們兩人在這裡對看時,隔壁樓上有對母女正在吵架?」氣氛醞釀正對時的關鍵時刻,他居然被身旁的動靜吸引,也許就此讓人生岔了題,也不以為意。

這就是他,一個有趣的男生,我該要接受這樣的人,一起走向人生最後一哩路?我心頭好像有個底,笑著打算迎向他,殊不知,命運之神卻又安排艱難關卡,考驗了他,也考驗了我。

第四章

漢廣

南有喬木，不可休思。漢有遊女，不可求思。

考驗很快就來了，告白之後才幾天時間，我就受到莫大打擊。臉書上每天都可以看到他一張又一張照片傳送到我面前，每張照片幾乎在他身邊都有一個她，讓我不知該如何評價。我知道每回到球場他都會跟啦啦隊或是參加播球的來賓合影，每張照片都有個特徵，就是他的手都會藏在女子背後，網友戲稱為「消失的左手」。

過去維持堅不可摧的純友誼時我看過幾回，總輕鬆當成花絮看待，心裡想著「嘿嘿！想不到徐同學是這種人？」但當他說要我們在一起之後，這種照片一出現突然讓我每條神經都變得緊繃起來，滿腹怨懟，「想不到徐同學是這種人……」我只覺得瞬間血壓飆高，滿臉赤紅，不再像我這個年紀該有的冷靜理性。

「為什麼你跟年輕女孩們合照，手都會不見？」終究我不免醋勁大發，在幾天之後率爾發難，他急切回應，「妳知道我的手沒有放在任何人身上，只是照片角度讓人誤會。」「真的嗎？」我嘟著嘴問，「這張你的手不就札札實實搭在她的腰上？看來你跟她感情很不錯。」他緊張地回應，「我跟她真的不熟，平常也沒聯絡，這只是我和粉絲們的遊戲，妳千萬別放在心上。」

「我看到一堆人留言要你『必須死』，這是什麼恐怖遊戲？如果我們在一起，你的生死可就跟我有關，在這個事情上，我是個眼見為信的人，最恨逢場作戲，倘若你的肩膀這麼擁擠，而我也只是曾經的過客，我為何要為你停駐一輩子？你想繼續摟抱其他女孩，我絕對會讓出空位，絕不會跟她們爭奪這樣的人。」我頗有怨言說了一大串。

「妳不要生氣。」他緊張回應，「我不是妳想的那樣，這真的只是為了工作，我跟許多女球迷也會靠近拍照，難道兩隻手都要舉起來投降才行，這樣會不會太奇怪了？妳不也跟上節目訪問的來賓合照，看到那些我也不會多想，還為了妳去按讚，妳別為了這些工作的事情弄得心情不美麗。」

「你怎能拿我的照片來比較，年輕女生跟你頭貼頭、臉貼臉，甚至穿得少少的跟你身體緊緊靠一起，本來就容易引人誤會，這麼刻意讓人誤會左手消失，會不會是先打預防針，好讓哪天你劈腿了，我可能還忙著對外幫你解釋。」瞬間火山爆發了。

「妳知道我不會的，我最恨人劈腿。」他一字一字咬出最後那六個字，嘆了口氣摟我入懷，「我們好不容易走在一起，我真心希望跟妳在一起一輩子，其他人我都沒放在心上。」

這回我態度絕決，推離他溫暖的懷抱，「我想這麼多年來，你早習慣這樣的生活，現在只是告白，我們並未在一起，當然沒有理由阻止你跟別人打情罵俏，但日後這些奇奇怪怪的事情肯定讓人不開心，所以最好的解決方法就是讓你的手自由，去擁抱她們吧！我們還是只做好同學、好朋友，維持我們二十五年來的純友誼，千萬不要談感情，不然真的在一起，最後恐怕會被你活活氣死。」

「懷萱，希望妳別誤會我。」他柔情望著我，輕撫著我的髮，我仍一肚子氣不願妥協，「這一切誤會不是從我開始的吧！如果沒有這些照片，就沒有誤會，如果我們沒有在一起，也就沒有痛苦，如果愛你非得忍受這些苦，我寧願回到什麼都沒有的世界。」

「呵！」他竟在這時大膽露齒嘻嘻一笑，笑得我莫名奇妙，見我眼冒火光，他更是咧嘴笑說，「妳就是有這樣的硬脾氣，妳說我們倆是不是很像。」「哪裡像？」見他還笑得出來，更讓我憑添怒火，氣得丟出兩句，「你真以為我們有七世緣分？看來這一世就要這樣過去了。」他收起笑容望著我，「所以如果分開了，妳也會覺得可惜吧！」

「哼！我是不會後悔的人。」我硬生生地回應，「我討厭誤會，所有會讓我誤會的東西，我都不想看到，畢竟以前就被騙過許多次，誤會都會成真。」

「我想，妳以過去經驗看我，對我不公平，但也不能怪妳，畢竟那是妳的認知。」

他軟軟回應，「當初我鼓起很大勇氣，邀請妳來我的『廢墟』，也謝謝妳肯賞光，我家的狀況就是我的生活。我不曾邀誰來，她們的電話我一個都沒有，不但沒有私下見面，過去連跟異性單獨喝下午茶，也只有跟妳。」他拚命解釋他生活極為單純，與我設想他身邊總有一堆女孩的花心情境大為不同。

但照片就在眼前，我該要相信這三言兩語輕輕帶過的解釋嗎？我咬著牙回他，「我想我還是從你面前消失一段時間吧！」他聽了不免悵然，「妳的決定，我都尊重，我不會強迫妳做不喜歡的事情。」

兩人好不容易牽起的紅線，會否就此斷線，我已然不知，於是我告訴他，我決定去見一個人，做一個確認。這人其實是朋友介紹給我的對象，過去曾在臉書攀談幾回，請他看看我寫的小說，至於兩人之間始終沒有多餘進展。

這個時刻為何要去見這個人？是因為當時另個熱心朋友希望我有幸福歸宿，特別找了他相熟的天通大師，說要幫我看看跟誰有姻緣，要我提供身邊可能的對象，無聊的我丟了兩人照片，一個是才跟我告白的他，另外就是這個人，殊不知天通之人回應，「告白的人是妳前世夫婿，至於另個人是他的情敵。」

這個答案令我萬分驚訝，徐同學跟我真是七世夫妻？而這個素未謀面的人，又跟我前世今生有怎樣的緣分？天通之人說了個有趣故事，「前世妳小有武功底子，個性強悍，你的丈夫是官員護衛，非常照顧妳，也非常疼妳，兩人生活十分幸福，因為妳長得可愛，很多人喜歡妳，妳要見的這個人，就想跟妳在一起。」

前世故事一下子串起三人，我的好奇心瞬間燃起，非得要抽絲剝繭搞清楚這當中的愛恨情仇，倘若我見了這個陌生人，出現莫名熟悉感覺，是不是就證明果真有這樣的前世緣份，至於才向我告白的他，會否與我一同為著前世的因，來收今生的果。

於是我跟這個所謂「情敵」見了面，素來不太會讓人等待的我，因緣際會一開場就大遲到，不小心讓對方枯等一個半小時，等我趕到，這人不但不生氣還笑嘻嘻迎接，讓我頗感意外，後來聊到我的小說，知識淵博的他問了許多小說中所看到的疑問，想知道怎麼設計出這麼多精采場景，兩人你來我往相談甚歡。

是他嗎？這人真的扮演過前世故事裡那樣的情敵角色？

在歡樂對話中，我試圖尋找玄奇的戲碼有沒有在今世命途中真實上演，漸漸地我心底透亮，總覺得談話間似乎少了些什麼，那也許該出現的悸動或心酸，在這場會面裡毫無所蹤，讓我不由得懷疑，這人真與我前世有緣，還是根本沒有那個前世故事？如果沒有前世今生的牽絆，跟我告白的他，又是循著什麼樣的緣分而來？

當夜，有個人傳來簡訊，帶來他的思念，「懷萱好嗎？」原本說要消失在他面前的我頓時心頭一軟，終究回了他，「好，你好嗎？」這幾句短短問候又牽起兩人的話頭，閒聊好一會兒，他終究還是忍不住問，「妳去吃飯，見的那個人帥不帥？」我忍不住噗嗤一笑回言，「我看人是看心的，心帥人就帥。」他又寫，「妳有沒有遇到真命天子的感覺？嘻嘻。」

「你認真問我嗎？」「當然。」「如果認真，可不可以請你用真心來問，拿掉『嘻嘻』二字，我的事情不該嘻嘻哈哈的問。」他馬上回言，「那我斂容正色地問，妳有沒有遇到真命天子的感覺？」這時換我調皮起來，「你這麼好奇？」他速速回說，「先不論以好朋友的立場關心妳，這事也跟我切身相關啊！」我繼續作弄著，「難道你喜歡他？」他回說，「小笨蛋，我喜歡妳啊！」

他趁勢置入存在感，我也立即回敬，「你跟別的女生臉貼臉，就澆熄了我的好感度。如果你跟別人親近可以，卻質疑我跟朋友同樂，這樣公平嗎？」他大喊冤枉，「我沒有質疑妳啊！」我這才回應他最想知道的答案，「至少我遲到一個半小時，他都不生氣，覺得他真是好人。」他也不讓步地應嘴，「妳遲到八小時，我都不會生氣啦！但妳別跟他說『你是好人』，有種東西叫好人卡啊！」

我沒好氣地回他，「你三更半夜跟我說這麼多做啥？」他說，「因為我真心覺得，那種心動的感覺很真實，很珍貴，很美。若妳今天有那樣的感覺，就不要輕易錯失。」「你是希望我不要錯失他？」「看妳對他有沒有心動的感覺。」就見他急急追問，「有嗎？你對他心動嗎？」「我覺得點心很好吃，飲料也很好喝。」看到這不痛不癢的回應讓他急了，「妳知道的，我問的不是這個啦！」

「你想知道什麼？」磨了老久，他才終於回說，「我想知道妳心動了嗎？」

說話總是不著邊際的他，終於浮現一個明明白白的態度，那就是他急切想知道這一世還會有情敵嗎？我深吸了口氣回他，「如果你早早一開始告訴我，你其實超級想我，人生也許就會不一樣，你一直標榜你不追人，不追校花，不想有情敵，卻可能讓我們繼續錯過，如果你還在掩護自己的真心，我們恐怕今生無緣。至於那個好人有沒有讓我心動？我想我需要時間證明。」

時間究竟能證明什麼？我不知道，但這個當下不知為何，我清楚知道不論前世故事如何演繹，是否為真，我心頭那個人已然浮出，只是仍舊需要時間去看清楚我倆能否在心動之後，彼此不再有別人影子，這一日我確定心中沒有別人，而他呢？身邊還有誰？

一直以來，他真實感情生活低調，總令人有著很大的異想空間，究竟有誰在他身邊陪伴，前妻會不會再回到他身邊，週遭女孩們跟他又多麼親近？這一切光是透過想像，都讓我十足戒慎恐懼。對我的疑慮，他老是一臉無辜，「我真的沒有別人，我只有妳，我想跟妳在一起。」

但那「消失的左手」始終困擾著我，在先前火山爆發般的對話之後，類似照片仍舊不斷出現，直到一個女星參加球賽轉播，主動倒在他肩頭，兩人甜滋滋拍了一張合照，昨天晚上才對我說情話，今天卻又擁抱別的女人，讓我十足吃味，萬分不快，因為問題已經不再是誤會不誤會，而是他並不在乎我不開心，非要跨越畫下的紅線，一切已經變成了挑釁。

倘若這條紅線失守，等同日後只要他認為可以，不論我是否能接受都將無從置喙。槁木死灰的我留言給他，「當任何一個女孩都能輕易讓你借出肩頭倚靠，那個位子就不再是我該停留的地方，如果我不在意，那我就只不過是眾多女孩當中一個。你如此看輕我，我怎能接受，可恨的是，你總覺得無辜，我想我們真的結束了。」

做下這個決定，我狠狠剪斷牽繫我倆的紅線，管它牽了一千年，還是一萬年。

看到留言，在播球賽的他驚惶失措，工作過後深夜來尋，非要見我一面，但我著實不肯，電話也不接，就見他趕忙留言，「我跟這人不過是第一次見面，以後應該也不容易見到，妳相信我，我不會為了這輩子只見一次的女人失去妳。人生本來就是累，我不可能去找那麼麻煩的事做。請見我一面，讓我跟妳解釋清楚。」

「我們根本不需再見，我在意的事你一直不在乎。我頭痛，你回去吧！」這晚我頭痛欲裂，更痛徹心肺，所有苦楚淹上心頭，堵在喉頭，我趕緊衝到廁所吐了又吐，然後硬塞了顆頭痛藥，想要斷絕身體的不舒服，更想切斷情感上的不愉快，但沒多久所有的一切又再吐了出來。

見我久久未做回應，他不死心地說，「求求妳見我一面，我已經將那篇文章刪除了。」「刪除一篇又怎樣，之後還會有下一篇，你根本不會改變什麼，我真的不想繼續下去。」我孱弱無力地倒在床上，淌著眼淚，任由鹹鹹淚水濡濕了枕頭。

他繼續在我家樓下求情，「我今天遭遇許多事，參加猜題節目被刷掉闖關機會，得不到機票大獎，妳知道我超想跟妳出國去玩啊！接著焦頭爛額處理公司許多危急事情，等到播球賽時看到妳傳來訊息，心焦意亂，萬分不想失去妳，工作結束，就只想趕到妳家，求妳不要離開我。」我何嘗不知道，他播球賽時瞄到簡訊，在鏡頭前偷偷擦了淚水，但我仍舊無法面對那些層出不窮的照片問題。

就看到他持續失心瘋地留言，「妳連見我一面都不願意嗎？我已經被妳家樓下警衛趕走了好幾回。」「我病了。」我氣息薄弱地勉力打出三個字，希望他快點回家睡覺，但他說什麼都不願就範，「妳感冒了嗎？讓我看看妳。」「我頭疼起不了身。」

看到這裡，他終於放棄懇求，傷心留言，「妳快休息，遇到頭疼，我都是睡一覺就好了，我再坐一會兒，想一下，我怎會將自己人生處理成這樣，真是失敗啊！」

見他還不想打道回府，我求他，「不要再打字了，快回家。」他繼續寫著，「妳家樓下蠻安靜的，完全沒人經過。抬頭看著妳家大樓，不知道我的懷萱，在哪扇窗後？想著想著，竟浪漫起來。我這把年紀，還有這年少時的情懷，我很開心，真要感謝妳啊！」這時他竟開始編織另一番心境，「不知道妳看到我嗎？有一陣微涼的風吹過來了！」

外頭起風了嗎？不知為何，這像詩篇的一段話竟讓我從床上緩緩坐起，勉強撐起羸弱的身子，在黑暗中慢慢走向窗邊，果真看到在樓下的他，正拿著手機兀自對著整棟大樓傻傻揮舞，這景象教人不禁發噱。

「看到藤蔓下一個流浪的靈魂，我手機貼著窗，你看到了？」我回了他，他高興地兩手大張，更加大力揮舞，然後留言，「我沒看到妳耶！心慌意亂。」於是我整個人挨近窗邊，一再確認手機的光沒有熄滅，過了好一會兒，他終於尋到窗邊微弱的亮點，趕忙往前一走，想讓街燈照清楚他的輪廓，然後低頭在手機留言，「妳房間怎麼沒開燈，妳不是怕黑？別怕，我在這。」

這人似乎渾然忘記為何今晚遲遲見不到我，自顧自地留言，「球場便當我放背包裡，想說要不要拿出來吃。」看他為了工作又餓了一整晚，現下打算埋鍋造飯在樓下等我，我忍不住笑了，接著他又寫著，「想想妳應該有很多男生在等候妳的經驗吧？但妳也不是全部領情。」這段自問自答的話教我莫名所以，原來在他心中對我竟有這般想像，就像個高中男生在窗外想念著窗內女孩那樣單純。

二十五年來，我從未見過這樣的他，純良天真，毫無雜質，一心一意，只盼求得一面，不願緣慳。

「我盡量不要朝著我的人生悲慘方向去想，我要想著能在妳窗下守候的幸福。」他等在樓下正守候著的是我倆的幸福？這時的他像個男孩，一個四十四歲的男孩，我不免驚異經歷這麼多年人生曲折，他怎能還有如是這般的詩情畫意，所有心思簡單唯一，就只為了與我一同。

「我好像被蚊子叮了，癢。」當最後一個字在手機上閃出時，他突然被一個女孩從背後緊緊抱住，原本愁苦的表情頓時驚喜莫名，轉過頭來的他一臉幸福，因為等到了，終於。

「頭疼好多了嗎？」他收起笑容，焦心地問，然後大手溫柔輕撫著我的額頭，感覺到他的溫暖，我輕輕點了頭，微弱地回應，「吐完之後，稍微好一點，但不能站太久，過一會兒還會頭疼。」眼見我一臉慘白還來見他，他心疼地說，「妳真讓我捨不得，不要生我的氣，好嗎？」這人溫情以對，教人無力再起驚天風暴，總是大雨過後，一片天青。

但，這就是在一起了嗎？並沒有，兩人之間的情緣總在陰晴之間不斷來回徘徊，他是個擅於隨機緣等候同時沉靜內斂至深的金牛座，我是個隨命運流浪同時對人生悲觀至極的雙魚座，被動的性格讓我倆總是離在一起有那麼一點距離，而這距離有一些責任是來自我的躑躅猶豫。

不同以往的是，這一回他似乎不想繼續等下去，有天深夜從他臉書跳出一個邀約，「八月球季恰好有五天空檔，旅費我全部負責，妳有空跟我出國去玩嗎？」「去玩？當然有空，你想去哪裡？」我隨口回應，卻見他萬般喜悅，「只要跟妳在一起，哪裡都好玩。」他的話看來不像油腔滑調，但我忍不住頑皮質疑，「真的嗎？」

「是真的。」他態度正經不再嘻嘻哈哈，「妳記得今年過年時我們去速食店，店員說可以參加抽獎，最大獎就是日本廣島機票。」

我想起那天他非常認真填完所有表格，還特別填了我的資料，當時我根本不知道他想跟我在一起，滿心不可置信潑他冷水，「這怎麼可能會中獎，應該是騙人的吧！」他一副天真地說，「說不定是真的，中獎了，我們可以一起去日本玩。」我翻了白眼回嘴說，「不可能啦！就算中了，你可以跟別人去玩啊！」「我想跟妳去玩。」他說這句話時，我還當他是信口開河，隨便說說。

現在他開口道，「我們去日本玩，好嗎？」「你想去廣島，彌補當初沒有中獎的遺憾嗎？」對我的玩笑他無奈地說，「妳知道那次沒中大獎，連小獎也沒有，我失望了好一段時間。沒關係，這次我們不一定要去廣島，我來找地點。」這時我心中徒然冒出一點小女兒家的心思，倘若當時抽中我們，他是不是會更早對我告白？

過了一會兒，他傳給我旅遊去向，我問，「為什麼是金澤？這是日本電視劇主角半澤直樹的故鄉耶！不是有人說你們長得很像？」「原來妳這麼關注我。」他笑說，「我不知道這地方也跟半澤直樹有關係，去金澤只因為旅遊網站跳出這個地方，時間剛好，位置適中。原本想去輕井澤，但要換飯店，太累了。」

輕井澤，是日本平成天皇夫婦相識相戀的愛情聖地，也是我預計這輩子一定要跟心愛的人一遊的景點，我心想如果真有緣分在一起，下一趟就去輕井澤。不過眼下算算時間，金澤旅程九天後就要成行，這麼急迫的邀約真能順利出發？倒是他老神在在地說，「只要跟旅行社訂機加酒不就好了？景點隨性走走，累了就在飯店休息，我得先啃個麵包，一整天忙到現在都沒吃東西。」

「好不容易出去玩，怎能隨便亂走？如果都在飯店呼呼大睡，還不如你好好在家休息。」還沒出發，我已經略顯不快，看他這段時間正忙著搬磚，根本不想花太多腦筋思考，竟然還要擠出時間跟我出國去玩，我擔心地問，「你真有時間出國？」「當然，我想跟妳出去玩啊！」確認他是認真的，我豪氣回言，「這樣吧！你訂好機票住宿，要去哪些景點就由我搞定，你快去吃東西。」

見我如此主動，他喜出望外，「謝謝妳，我原以為妳會拒絕我呢！」「要去玩，誰會不喜歡啊！」說好要跟他一起出國雙人遊，我答應得很快，但其實心裡七上八下，因為認識那麼久，我從未跟他單獨趴趴走，就算同學相約出遊聚餐，他也常因為工作太忙缺席。這次只有兩人面對面，一起前往異國旅遊，該怎麼相處，其實完全沒有譜，讓我開始後怕起來。

人生很多時候想也沒用，時間緊迫，先完成旅遊拼圖比較實在，他沒有太多時間討論行程，重擔自然就落在我肩頭，我得查清楚金澤自由行能去哪些週邊景點？該怎麼搭車？有沒有什麼划算方案？訂到的票要到哪裡領取？最後還要確認這些地方他究竟有沒有興趣。

「我不想一直坐火車去看什麼山裡的風景，黑部立山好像只是去看水壩，而且好像要走好遠，還有沒有其他地方可以選擇啊？」日本行才遞上第一個版本馬上就被他打槍，於是我只好從頭再查。「穿日本和服？聽起來好麻煩，我不想體驗耶！如果妳想穿，可以自己安排去穿，不用管我了。」就怕一個和服體驗考驗兩人，最後我又再次發回重新研究。

像這樣討論來回多少遍，自是磨練我的耐心。偏偏整個安排極不順利，原本訂好的金澤車票，旅行社臨時通知訂錯了，要我寄回錯誤車票，再重訂一次，如此百轉周折真的殺死不少腦細胞。

同一時間，我還在規劃十一月與媽媽妹妹去京都自由行的行程，這個早就說好的出遊更是不能出狀況，我忙著在清晨四點鐘起床，遍查日本片假名拼出三人日文名字，填滿好幾頁的日文表格，只為預約京都仙洞御所的入門申請，搞了老半天，仙洞御所馬上就被秒殺，最後換得一場空。

當時一人分身乏術，但我個性不服輸，拿出做新聞的拚勁，就算整個工程浩大，最後不到一週就快速交出行程表，短短五天旅程以金澤為起點，橫跨日本三個縣，上山到了合掌村，下海去了東尋坊，預計探看諸多文化景點、風景名勝，所有交通票券都準備妥當。

「哇！妳好厲害。」他驚訝地說，「我沒想到妳竟然可以訂好那麼多地方，要是換做我，就是到了景點再想想要去哪裡。」

他曾說我倆非常相像，但這回我卻明顯體會兩人性格有非常大的差距，我是急驚風，他是慢郎中，吃飯時我總是快快吃完，他可能才要吃第一口，老要蘑菇一小時，現在安排出去玩，他看來閒散毫無目的，只要有假就好，與我習慣認真規劃做好功課，不想浪費假期時光差池太大，這狀況讓我心裡毛毛的，就怕兩人在異鄉面對面只有傻眼無言。

有人說，旅遊可以看到對方真實的一面，兩人在陌生國度所有脾性態度一覽無疑，我越來越擔心揭開面紗會看到什麼？「就勇敢去吧！」我心裡總有一個聲音鼓勵我，「但去了是不是就要在一起？」心裡另個聲音自問自答，「誰說去了就要在一起？」我不斷在心裡交戰，最後想起密友說的「Follow your heart」，於是當下決定，就讓我們在這短短幾天來個確認，快刀斬亂麻。

終於到了出發那天，我們開心拍下合影，雖說出國去玩該是喜不自勝，然而我卻惶惶不安，深怕還沒有確定要不要在一起，就被外界發現我倆同遊，然後被逼著表態。沒想到越是害怕就越會發生，在日本機場進海關之前，他被一群熱情台灣同胞拉著拍照簽名，而我趕忙低著頭幫他填寫入境資料，深怕被鏡頭掃到。

「不好意思，我剛在飛機上睡死了，根本不知道要填什麼表格。」他一臉歉意撥開重重人群走了過來，我撇嘴一笑，「我自己的入境單早在機上寫好了，你沒有先訂座位，航空公司將我們安排坐得老遠，要是在你旁邊，我就會幫你搞定了。」他聽了微微一笑說，「我知道妳一定會幫我的。」我頓時嘟起了嘴，擔心被誤會太主動，更不喜歡讓人依賴成習慣，一股腦兒把表格丟給他，要他剩下的自己寫。

金澤的旅程開始了，初初還算順利，在車站旁吃了迴轉壽司，然後去遊客中心領了印有柯南的公車套票，學著這個戴著啾啾的小學生比出姿勢，喊著「真相只有一個」拍下照片，殊不知接下來奇怪的狀況讓我們搞不清真相，先前在台灣訂好合掌村車票，夜半時分在超商領票機台怎麼都領不出來，帳號密碼不論怎麼打都無法過關，就算日本超商店員來幫忙，過了一小時都無法解決問題。

「怎會這樣？」整個意外讓我心急如焚，畢竟這票已經付錢，再加上合掌村行程傳說很熱門，就怕隔天一早沒有票，錯過這個經典旅遊名勝，接下來行程會完全大亂，見我情緒大壞，他趕忙安撫要我別急，試圖上網問人如何解決，才發現沒有wifi，兩人疲憊又無奈地回到飯店上網再查，等到查清翌日可以直接到車站櫃檯換票，又是兩個小時後。

心中一塊大石終於落地，頓時讓我覺得身邊有個可以依靠的肩膀真好，從小到大，我常自己一人解決各方疑難雜症，這回短短幾天獨自規劃旅程，過程中不斷為了他重新更改行程，換了好幾個版本，原以為會遇到一個哪裡都好，什麼都無所謂的旅伴，再不然就是老嘟著嘴插著腰問說這「怎麼回事」，有著「王子病」的嬌嬌男，但這一天，我看到他悉心溫柔，還有無限耐性。

赴約去日本，懷萱不知這趟旅程將改變人生。

懷萱後來真的跟此生最愛展元共遊輕井澤。

足利公園百年紫藤下，兩人的手再也不放開。

展元懷萱足跡遍遊日本，還要一輩子走

「遇到這種狀況，你都不會生氣嗎？」我好奇問他，他反而一頭霧水，「為什麼要生氣？」我說，「搞不定狀況會讓人心浮氣躁啊！」他笑著說，「那就搞定就好啦！」看到他一派輕鬆繼續說，「我朋友曾經笑我，認為我上一次生氣恐怕是在嬰兒時期因為沒有喝到奶而大哭幾聲，他說從沒見過我生氣呢！」他是個不容易生氣的人嗎？想想過去二十五年來，還真的沒見過他出現火爆場面。

「妳會冷嗎？我怎麼看到妳在發抖？」他大手暖暖握著我的小手，我點了點頭說，「我不太習慣睡覺時吹一整晚的冷氣，這會讓我頭痛。」他心疼地擁住我說，「別擔心，我是暖男。」「暖男？」「溫暖的男人啊！我給妳溫暖。」他的腳伸過來搭住我的腳，試著解除我因為拿不到票所帶來的緊張。

再一次，冰山融化了，他整個人緊緊抱著我，這回不再心酸難解，而是安心的感覺油然而生。

「不冷了吧！」他大手撫著我的臉，我還沒點頭，就見他端起我的下巴，輕輕地給了我一個溫溫熱熱的吻，我驚異地望著他，不知該推開他，還是擁住他，一切來不及細想，如同一朵雲撐不住所有小雨點，他的吻一個又一個接連而來，跟他認識這麼多年，這一刻畫面從未在我的想像中出現過，但它就是發生了。

「我想要妳。」當他說出這四個字時，我心頭一震，這是我小說男女主角的對話。

「我還沒準備好。」我當然曾經想過我們在這趟行程可能在一起，但不知為何我這一刻退卻了，反倒他不肯鬆開將我抱得越來越緊，溫柔的吻也毫不停歇，「我真的很喜歡妳。」

在微弱燈光下，我看到他眼神真摯，閃著光芒，讓我不由得淪陷在他溫暖懷抱裡，「我覺得……」「我想……」「我……」原本還想抵抗，卻到最後什麼都說不出。這一夜激情過後，我分析我自己，竟不知這是不是就是愛了。

在只有一絲微光黑夜中，我傻傻看著他熟睡的臉，記憶著他深邃的輪廓，和這個讓我幾乎無法成眠的夜晚，伴隨沒停過的打呼聲和不斷磨牙的背景樂，還有偶爾幾次會讓人誤以為是地震的蹬腳，我無法預知他的世界裡還有多少未知數。

心慌意亂的情緒在第二天漫延著，我們順利拿到票，踏上前往合掌村的行程，我卻不知怎麼稱呼他，甚至完全不敢看著他。過去我總習慣叫他全名，或稱他一聲徐同學，維持二十五年來我自以為是的男女界線，但現在這一線被跨越，關係瞬間改變，他太靠近了，以至於我亂了方寸。現在兩人既熟悉卻也陌生，明明更進一步，我卻悵然若失，渾然不知為何如此心思紛亂？

「我在害怕什麼？」我問我自己。我可以快快規劃行程，面對情感上的變化卻毫無準備，我想我懼怕的是這樣一個夜晚之後，他是認真的想跟我在一起？還是只因為身在異國，難免浪漫，倘若回到現實世界，這樣的熱度還會存在？

坐在開往合掌村的公車上，他一路開心牽著我，渾然無覺我的惶惑不安，終究我

站在合掌村郵筒前，我決定拒絕徐展元追求。

日本旅程最後，我問老天：是他嗎？他突然回眸。

忍不住輕聲問了每個經歷這一切的女人都會想問的問題，「昨天晚上你是認真的嗎？」他看著咬住下唇的我開心笑了笑說，「小笨蛋，我當然是認真的，跟妳說過，我等了妳這麼久，真的很喜歡妳，難道妳不喜歡我嗎？」

「我……我也喜歡你，不過，我想我們還是不要在一起。」「為什麼？」「因為我叫不出你的名字，不知道該怎麼靠近你。」對這個答案，他頗感驚訝卻又很快收拾起失落情緒，緊緊拉著我的手，「我想，拒絕是最容易的選項，但不給一點機會試試，會不會錯過更多？懷萱，我會讓妳知道我的心，不管如何，我都希望妳開開心心的。走，我們去看合掌村的古蹟。」

這一天的合掌村沒有像似童話故事糖果屋的雪白屋頂，有的只是異常刺目的太陽和燠熱無比的溫度，幸好風景優美，歷史文物有趣，我們隨性走著，手始終牽在一起，他不曾放開，我也沒有掙脫，但心頭還有一把鎖依然未曾開啟。

那把鎖鎖住一個問題，就是與辣妹們合照他的左手還會繼續消失嗎？他始終覺得這沒什麼，但如果在一起，這絕對會教我不開心，甚至讓我們走不下去，因為谷媽媽肯定有天會追問我這些照片是怎麼回事，我不想花力氣去幫忙解釋，更怕照片天天上傳，鬧得眾人都看衰我們的愛情，好不容易追求到的情緣，最後卻卡關在一堆莫名其妙的事情上，何苦來哉！

「為什麼你這麼堅持左手消失？」在日本醞釀幾天，我終究還是開口問他，正看著漢堡套餐菜單的他，不可置信地轉過頭來，「要吃飯了，我們就不要討論這麼不愉快的話題。」「是我提起這個話題讓你不愉快嗎？」這時的他除了一臉無奈，就是完全靜默，過了一會兒終於開口卻問，「妳想吃什麼？」

「隨便。」見他全然不願解決這個重大問題，我不禁怒火中燒，但他繼續玩著手遊，假裝一切沒發生，我氣急敗壞地問，「我的問題比你的遊戲無聊嗎？」「對啊！超無聊的，好不容易出國玩，妳應該開開心心的，別為著小事不開心嘛！」「如果這是小事情，我會在這時候提出來嗎？如果你真要跟我在一起，這問題不該確認？」

店員送上漢堡，他開始安靜吃著，見我動也不動，他開始幫我切著肉，然後試圖餵我吃，「啊！吃一口嘛！這很好吃耶！妳不是美食至上，快點趁熱吃。」他像是哄著小孩似的對待我，切著他盤裡的蝦子一段段分給我吃，然後說，「我跟妳說過，我喜歡妳，就不會喜歡別人。讓妳為了小事煩惱，我真抱歉，我捨不得妳這樣擔心。來，吃一口蝦子，這很好吃。」

他祭出溫情攻勢，牽住我的手，大手搭著我的肩膀，再順著我細柔的髮絲摸著，恍如安撫一隻貓。說也奇怪，這隻貓偏偏就吃這一套，滿腔怒火漸漸散去，就聽到他說，「我知道妳的疑慮，我會讓這一切誤會煙消雲散的。」

接著很多球迷漸漸發現，照片中他的左手不再消失，要他「必須死」的玩笑話也消失在留言區，面對諸多起疑，他不曾解釋回覆，只有我清楚知道整個來龍去脈，他的左手和右手只為緊緊牽住一個女孩而存在，只為說好的「執子之手」，但牽起了手，真能「與子偕老」嗎？我依然惶惶惑惑，總不知老天這回安排是情緣，還是孽緣？我依然需要時間證明。

第五章

子衿

青青子衿，悠悠我心。縱我不往，子寧不嗣音？

「妳最後打算跟他在一起，就為了一隻蝦？」回到台灣，我決定給我們的未來一個機會，但我的朋友對於光以一隻蝦來定生死，著實不敢置信。「那隻蝦很重要啊！」我認真地說，「有多少男生會在女孩子生氣時，完全不動氣，然後分妳吃一隻蝦，只希望妳開開心心的？尤其他還摸著我的頭……」不想聽完這番解釋，朋友無法相信有人就這樣隨意屈服。

「要是我是妳，第一時間看到他家亂七八糟早就藉故轉身就走了，哪像妳還這麼好心幫忙幫到底。」另個朋友看不過去也接話，「對啊！再瞄到他跟女孩兒那樣沒有距離，換做是我，根本理都不理，哪裡管什麼蝦不蝦？難不成妳在他家喝了什麼飲料，中了什麼邪，怎麼這麼好說話？」朋友熱心分析讓我頓時啞口無言，不知道為什麼在每個關鍵點，我都沒有挪移寸步，甚至一再給他機會。

「好吧！妳開心就好，妳們打算公開嗎？」說不動我，朋友只好再獻招數。「公開？

會不會太快了？」見我猶豫起來，朋友分析，「妳們都是公眾人物，對外公開當然壓力大，但兩人總有共同朋友，要是他想一路隱瞞肯定有鬼，剛好七夕情人節，妳要不要趁機問他，看他對這段感情是否真心？」朋友深知我遇到愛情就瞎了，擔心我受傷，非要我問個明白，做個確認。

這是我們第一個七夕情人節，在他的「廢墟」慶祝，自從踏入廢墟這段時間以來，不需要懷疑，廢墟依然是廢墟，「喜馬拉雅山」照樣矗立眼前，毫無任何變矮跡象，但愛情使人盲目，我漸漸忽視整室滿布的塵埃和厚重的汙垢以及電風扇上飄著的條狀灰塵，眼中只有彼此。

怕我肚子餓，他特地下廚煮麵，於是我跟著他走進廚房，但燈一打開，這才驚覺廢墟的範圍原來不只先前所見，我想要問個明白的心思也頓時忘得一乾二淨。

整個廚房約莫兩個榻榻米大小，但眼前原本該是鐵灰色的瓦斯爐和流理台上滿佈一片黑，究竟是鐵銹還是髒汙已經全然分不清。「真的很抱歉，我沒有時間清理。」發現我正瞪大眼睛向前探看，他趕忙解釋，「這個流理台是以前租房子的房客留下的，算算應該也有二十年歷史吧！」

「二十年？」聽罷我不禁吐了吐舌頭，「你有多久沒用廚房？」他嘟著嘴回說，「好久沒開伙了！先前多半回爸媽家吃飯，今天外頭餐廳肯定客滿，我們在家隨性煮碗麵，好嗎？吃這樣的七夕情人節大餐，妳會不會覺得委屈？」

他深怕好不容易萌芽的愛情在此刻毀於一旦，萬般小心，我吞下驚訝的情緒，吐出這番話，「我跟你說過，我看人只看心，只要你用心，都會讓我感動。」這話讓他頓時放下心頭大石，燦燦一笑，接著在一個人高的生鏽鐵製層櫃裡搜了一會兒，好不容易才抽出一袋曾經開過的麵，稍稍檢查一下就對我握拳，大聲掛保證，「別擔心，這麵應該還在保存期限內。」

愛情使人盲目，我噗哧一笑問道，「這乾麵條應該吃不壞肚子，鍋子放在哪裡？」「好，我找找。」就見他微微蹲下身用力拉著瓦斯爐下的櫃門，「蹦」地一聲，費了好些力氣才終於拉開已然黏住多時的流理台櫥櫃，這一開，像是打開潘朵拉盒子，瞬間開啟一個黑暗世界，櫃中鍋碗瓢盆雖說一應俱全，但看來許久未用，已然蒙上一層灰。

「我來洗一洗。」我大吐一口氣，接下他好不容易拿出的餐具，打算清洗，但仔細一看，水槽也滿布一層厚厚汙垢，「哇！怎麼這麼髒？」聽到我的驚呼，他趕忙搶下鍋子，「這給我……我來洗就好，妳先到客廳休息一下。」

這樣的情況恐怕不能等閒視之，整個廚房比客廳更添荒蕪之感，天花板掉了一塊，露出屋子最原始的橫樑穿越於上，牆上則像被潑墨畫家任意將顏料灑出一片黃，至於流理台和瓦斯爐全留下歷史斑斑痕跡，準備煮麵的鍋子碗盤看來通通需要大力清潔整理才能使用，這空間似乎只剩下傳統的灰石子地板勉強可以過關，算是保持原型。

倒是有個漂亮的鐵盒子挨著刀子筷子和上次沒洗的碗盤擺放在流理台上，「那滿布斑斕色彩的盒子是做什麼用的？」他目光順著我手指的物件一看，突然面露尷尬，「喔！妳到我家之後，我都在這裡抽菸。」這真是一個獨居男子的家，廚房不做菜排煙，居然變成吸菸室。

見他開始洗鍋子，我才注意流理台非常非常低，讓身高不矮的他被迫得佝僂身軀，低頭洗滌，這身影讓我看了格外心疼，信奉老莊的他，對生活種種看來也無為而治，降低所有需求，任由一切蔓蔓叢生，雜亂不堪。

看他一步步將鍋子裝好水，開了瓦斯，丟了麵，我順手打開抽油煙機，「快把它關上。」突然他飛撲過來按掉才轉了幾下的機器，我驚恐地說，「這廚房太熱，我想把熱氣排出去。」他心有餘悸地說，「這是住進來之後第一次打開抽油煙機，怕一打開，裡頭會噴出一堆灰塵。」聽到這兒，想到灰塵不知住了多久，我不禁下意識地往後退。

就見他繼續行動，匆匆打開幾乎空無一物的冰箱，拿出幾包開過的火鍋料，再跟我確認這些食物應該還可以食用，然後就丟進滾燙鍋裡。我追問，「沒有其他青菜嗎？」他盯著鍋子悶著頭回，「這些火鍋料應該就夠啦！」「可是冰箱不是還有幾袋東西？」聽我追問，他瞬間面有難色，「那些是垃圾。」「垃圾？」我的驚呼聲響徹整個廚房。

「垃圾為什麼放在冰箱，這樣不會孳生細菌？」「不會啦！冰箱是萬能的。」見我瞠目結舌，他趕忙解釋，「我一個人垃圾本來就不多，工作一忙，常常來不及丟，怕它們餿了，乾脆放冰箱裡，這就是生活小智慧。反正冰箱空空的不會生什麼細菌，別擔心啦！妳看，這麵應該熟了吧！」

他專心盯著鍋裡不斷翻攪而上的麵條和燕餃蛋餃，伸進筷子小心維護它們的完整，期待它們可以扮演好果腹的重要角色。

我滿臉問號站在一旁，還在想這人怎麼會將冰箱變成垃圾場，他到底過著怎樣的生活，如果真的在一起過日子，我會不會完全無法適應？到了最後「相愛容易相處難」這句話會否變成我們愛情的墓誌銘？不想面對一連串生活未爆彈，我開始追問最平凡的問題，「你平時三餐都怎麼打發？」

「三餐？我晚上播球賽，如果早點到在球場可以吃到記者餐，播完後有時會到爸媽家吃東西或吃點麵包泡麵，接下來查找隔天賽況球員資料做筆記，過了三更半夜才會上床，所以每天睜開眼都中午了，起床後要嘛不吃，要嘛就隨便泡杯咖啡吃餅乾果腹。」聽到這裡我驚訝不已，「你能長這麼大是奇蹟吧！只吃這樣會餓壞了。」

「不會呀！」他斜嘴呵呵一笑說，「我很好養啦！以前周遊全台播球賽，每天吃便當，吃了二十年，完全沒想到吃飯問題，後來不用四處轉球，在外面參加活動節目錄影就吃主辦單位提供便當，有時對方多訂了就帶回家，這可以讓我吃好幾餐，如果沒有便當就吃餅乾，我買了很多餅乾放著，不會餓死啦！最近因為妳，我才走出門去餐館吃飯，嗯！妳不會嫌我是宅男吧！」

「我真的很意外你這麼宅，難怪這麼瘦，原來根本沒吃什麼。」看著他總是沒睡飽的臉上有著消瘦的線條，我這才想起，每回問他家附近有哪些餐館可去，他都全然不知。這人上知天文，下知地理，卻對生活毫無所求，對這人認識越深，越覺像是捕捉到一個不適應地球生活的外星人。聽他輕描淡寫描繪過去，我心酸不已，「你怎能把自己活得這麼讓人心疼？」

「還好吧！我始終相信人生就是五十五十囉！」「五十五十？」「就是人生百分之五十是痛苦的，百分之五十是快樂的，每個人的人生很公平，就算有錢的人享受有錢的快樂，也得面對有錢的痛苦。至於我們把苦的過完了，剩下就甜的，現在妳願意跟我在一起，我就覺得要開始甜了。」他笑笑擁我入懷，我依然覺得心酸。

「你活得這麼讓人揪心，要不找人幫忙清理？」「不用，我自己找時間慢慢整。」怕麻煩的他斷然拒絕，但環顧四周重重紙山和已然摧枯拉朽的老屋，該怎麼整確實是個大難題，況且從日本回台灣的這段期間，他幾乎不見人影，忙著播球賽，還要搞定一場場自傳簽書會，四處上電視廣播採訪做活動，今日七夕相會，更是夾縫中硬擠出來，讓我倆恍如牛郎織女，更別說還要他騰出空來動手當愚公。

「不然我幫你整。」我自告奮勇，總得千里之行，始於足下，邁開第一步，卻見他眉頭深鎖，「我不想妳為這種事情煩心。」我看著他說，「你環境亂糟糟，怎麼會有好心情？我不希望你的生活過得這樣辛苦，看了捨不得。」他無奈一嘆，「能夠做人，誰想做鬼？」

這時鍋裡的麵湯瞬間撲騰出來，他趕忙關火叮囑著，「小心燙喔！趕快來吃情人節大餐。」七夕這一天，百分之五十的甜蜜霎時占滿整個空間。

餐桌上滿布他播報棒球參考資料，無法放下任何東西，我們只好轉到客廳，花了些時間挪開茶几上堆積一整落雜誌和雜物，才順利放上他剛煮好的麵。

沒想到一口麵進了嘴裡無滋無味，就見他懊惱地說，「唉呀！這味道怎麼那麼淡？不然淋點醬油好了。」醬油淋湯麵我從未這樣吃過，也無法想像，明明美食至上的我還趕忙安慰，「沒關係，你願意為我下廚，我就很開心了，不然下回換我煮給你吃。」

「好啊！懷萱煮的一定好吃。」看他把話說滿了，我尷尬不已，「你最好不要期待太多，其實我煮菜次數手指頭數得出來，谷媽媽廚藝精湛，只要我踏進廚房，光是切菜，她就看不下去。」「沒關係，只要妳做的，我都喜歡。」他滿眼只有愛，絲毫沒有一點猶疑地安慰我，「我對食物要求不高，妳不用擔心。」我聽了忍不住輕捶他，「你是說你沒味蕾，這算什麼鼓勵？」

他呵呵一笑，「妳這麼愛吃美食，做出來的東西一定很美味，我先送禮物鼓勵妳，慶祝今天情人節。」他拿出從球場帶回來的海綿蛋糕，「等等。」我大叫一聲嚇到他。

「怎麼了，妳不想吃蛋糕嗎？」「這是我們第一個情人節蛋糕，我想請你幫個忙。」我抓起他的大拇指往蛋糕一角按下去，再按下我的，然後說，「我要吃下你獨一無二的指紋。」

對我搞怪行徑，他見怪不怪全然配合，於是我們吞下彼此在蛋糕上愛的承諾。

「你可以再幫我一件事嗎？」「怎麼啦？」這時他乖巧地等我出招，就聽我說，「我想幫你洗頭。」「我的頭髮看來很髒嗎？」聽他回問，我露出皎潔一笑，「不知為何，我覺得幫你洗了頭，就會讓你變得幸福快樂。」這個答案令他頓時笑顏逐開，「跟妳在一起我很開心，也很幸福，我們要永遠這樣快樂。」

終於見他笑得比陽光燦爛，我許下一個重大心願，就算我倆最後沒有在一起，至少要幫他完成階段性任務，那就是要讓這個男人活在自在從容的空間裡。古有愚公，今有小萱，移山不是難事，問題是怎麼不讓他發現，畢竟在兩人感情世界，面對自己的不完美，任誰都會尷尬難堪。

趁他洗頭後去客廳吹乾頭髮，我開始順手打掃廁所，從我第一天踏進這個地方，就被這裡蒙塵藏垢的景象驚懾不已，整個粉紅地板竟被染成暗橘色，還像生了青苔一般滑溜溜的，沒踩穩恐怕滑倒，更可怕的是，洗手台下有個吸飽髒水的毯子，我完全不敢踏上去，深怕腳一落下，就要濺起黑水浪花。我非常驚訝廁所這麼潮濕，怎麼還擺上容易留住髒水的地毯？

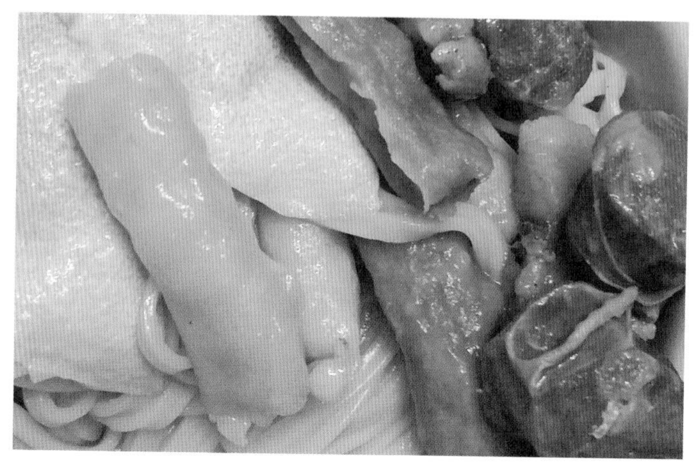

展元的麵沒味道，懷萱幡然醒悟活下去靠自己。

懷萱不會煮菜，卻願為展元當「自作自受的谷煮播」。

整個空間充斥一股潮濕氣味，牆上釘著一個白色鐵架早已生鏽掉漆，鏡子一角也出現網狀裂痕，真要清理完畢恐怕不是一兩天，尤其這小小空間偶爾還會伴隨陣陣薰人惡臭，味道有時蔓延到客廳餐廳，這四十年之久的老建築，恐怕某個管線正好通到別人家馬桶，那臭味讓人難忍，頑強不去，實在不明白他怎麼像是渾然無覺，竟在這樣的房子裡生存至今？

仔細一看，淡藍色馬桶還真有歷史，居然是我們小時候就有的品牌，讓我不由得哼起廣告歌，在音樂竄腦同時，找出丟在路邊的海綿開始刷洗滿是泛黃尿垢的馬桶，根本不在乎為什麼有人無法對準的問題，就像電影「重慶森林」，王菲在滿室髒汙中毫無畏懼，偷偷幫心愛的人大掃除。

看來唯有愛得以讓人面對這一切黑暗之後，還能堅持相信世界光明燦爛。

「妳在忙什麼？是不是肚子不舒服？」過了一會兒，他的聲音從客廳傳來，還在廁所門口敲了敲門，為免他起疑，我趕忙洗手，擦擦滿頭大汗，再次探看今晚豐碩成果，然後沒事地走出廁所。

後來只要有機會到他家，我待在廁所時間特別長，繼上次跟馬桶搏鬥之後，這回鎖定油油黃黃的洗手抬，不消一會兒功夫，裂縫中夾藏難以摳除的髒汙漸漸變小。在下一趟進廁所時，我奮力將地磚上黑壓壓的六角形塵垢一一刷除，後來還試圖清洗溼答答的毯子，才發現整片發霉，趕緊通知男主人最好丟棄。

就這樣一塊塊慢慢攻錯，終於小小空間有了不同光景，讓人踏進廁所，至少不會覺得爬滿細菌塵蟎。

然而有一天，當我清理到一個物件心情頓時大壞，白色生鏽鐵架上放滿他的牙膏、牙刷、髮膠，還有梳子，問題就出在梳子，上頭纏繞許多長髮，這髮微捲，自然不屬於他，我不知髮絲主人究竟是誰，更不想探究她們究竟什麼時候開始沾在髮梳上，拿著這把梳子，我的人生出現百分之五十的痛苦，心想不消多久，髮絲主人也許會回來，屆時我會不會甘心退出？

想到這個份上，我將梳子放回原位，喬到原來放置的角度，原本的幸福就此出現陰影。從此每每到他家附近，我就會開始幻想各種畫面，也許有個女子坐在門口機車上等他回家，抑或走上樓梯，看到有個女子一手托腮，一手滑手機，發出簡訊要他快點回家幫忙開門，倘若這女子看到我，我是不是該佯裝只是個大學同學，還是謊稱走錯地方，安靜走開。

這幾個影像不斷在腦中浮現，就像看鬼片一樣，明知不可能發生，但卻長期折磨著我。

每每想開口問他，又怕聽到不想聽的答案，或他可能為此說出任何謊言。謊言是戀情中最可惡的殺手，尤其掩飾劈腿，謊言能有多扯就有多扯，我就曾在昔日男友家垃圾桶發現莫名衛生棉，上頭還留有淡淡黃色，但對方竟扯說是自己試用，目的是想體會女生的感覺，而且之後又出現幾次，問他都能假裝到底，當然沒多久這人就跟別人結婚了。

「這也太扯了！」他聽到我這段過往滿臉不可置信，我當然也覺得扯，但它就是發生了。我忍不住順勢問他，「如果有天劈腿了，你也會想騙我吧！」「劈腿？」他馬上嗤之以鼻，「妳說的事情根本不可能存在，這也太累了吧！我不想花力氣搞出那麼複雜的狀況，而且妳看我家這麼亂，誰會來這裡？」我終究順口脫出，「會啊！梳子上髮絲的主人可能會出現。」

「誰？」「髮絲的主人。」「啊？」他一頭霧水問，「誰是髮絲的主人？」「就是廁所白色鐵架上有把梳子，梳子上捲滿長長的髮絲。」「那是妳的頭髮吧！」「我從來沒用過那梳子。」「喔！」他突然一臉落寞，「那可能是好久以前前妻留下的，我根本沒空清理。」面對那一段已然遠去的婚姻，他如此黯然悲悽，讓我不知是否還有那麼一點試圖想要挽回的情緒。

「你希望她回來嗎？」我小心探問，他滿眼憂傷地說，「她不可能回來。」我疑心重重地問，「所以你還是有那麼一點希望她回來嗎？」「怎麼會？」他雙眼泛紅地重覆著一個字又一個字，「她不可能回來。」這回應怎麼也聽不出他對過去情感有沒有一絲留念，反倒教我頗為失落，擔心自己會不會只是陪他走過一段感情過渡期。

吐了好大一口氣，我定定看著他，「如果有一天她真的回來了，我願意退出。」

「啊！妳怎麼那麼會腦補？」「什麼是腦補？」看我疑惑不已，他緊咬著嘴唇然後抱住我說，「就是妳怎麼那麼會想一些有的沒有的，小笨蛋，我有妳就好了。」他輕撫著我的頭，試圖要滅了我的幻想，但這一切真是我腦補？會不會真有那麼一天，這八點檔灑狗血的情境就是會發生？

過去失敗的感情經驗教導我，所有誇張情事在這個地球上都可能出現，就像蟑螂可以存在這個世界一億年一樣不容懷疑，所以我不停對自己洗腦，得先做最壞打算，假如真有一天，他的前妻回到他身邊，我至少可以送給他們一個禮物，就是乾淨的家。這個念頭，讓我有了更強烈的動力，繼續在這個龐大的廢墟中當起「家政婦」。

不知道服膺老莊，看來對生活無為的他，有沒有漸漸察覺廁所乾淨多了，至於我也不想開口跟他討個功勞賣個乖，因為做這些不是為了讓他稱讚，而是想解開他總是緊皺的眉頭，希望他不要覺得人生一片晦暗，畢竟生活中還有許多美麗光景。想起小時候讀過一篇課文，一瓶花的故事，主人翁因為家裡擺了花，開始洗滌整個空間，現在他家從浴室變身，我想讓他重啟新生活。

奇怪的是，就算好不容易去除髒汙，廁所三不五時還是繼續飄出陣陣噁心臭味，尤其下雨天更嚴重，我開始上網研究是不是管線出問題，廁所飄臭狀況不一，網路各有解答，看來複雜難解，甚至得動工挖水管，分外麻煩。後來看到有人在集水孔放個蓋子成功解決臭味入侵，讓我如獲至寶，趕緊四處查訪，終於在百貨公司花了五百塊錢買到一個號稱有專利的蓋子。

到他家溜入廁所拿出蓋子蓋住集水口，不一會兒照樣有股酸腐至極的氣味不斷瀰漫整個空間。「怎麼會這樣？」我滿臉問號蹲在集水孔聞了又聞，他聽到我驚呼，也跟著蹲在一旁對這新玩具好奇不已，等到搞清楚一個集水孔蓋子要花五百元，他完全不能理解，「這個塑膠蓋子根本沒用吧！不是只要貼貼膠帶，或是門一關就能解決問題。」

「就算關門也沒用，臭味還是會飄出來啊！」我偏偏不死心一定要對抗這怪味，於是跟他提議，「這地方一定要大掃除，得找出臭氣到底從哪裡來。」一聽到大掃除，他又習慣性地縐起眉頭噘起嘴說，「我想，大掃除也沒辦法搞定。」「不然怎麼辦？」聽到無法打倒廁所怪味問題，換我開始生起悶氣，這時他說，「恐怕得重新裝潢才行，這個家實在有太多地方要整修，像這裡……」

這時就見他一個轉身踏出廁所，打開一間始終關著門的房間，沒想到這一開，讓人頓時忘記廁所怪味，因為有股腐敗臭味蔓延而出，整個家最大的毒瘤就在眼前登場。

「這房間……」我瞠目結舌不知如何形容，眼前小小空間擠了桌上電腦、電腦桌、單人床和兩個衣櫥，這也是經過他解說才明白有這些家具夾藏在其中，因為所有物件全都塞滿衣服雜物，門後藏了好幾落各家名牌女用鞋盒，堆得比他還要高，讓房門無法完全打開，另外有個立著的掛架，掛了無數襯衫外套，只消輕輕一碰就會立即傾倒，想走進房間，腳得高高抬起越過無數大小箱子。

「這是倉庫嗎？」所有衣物胡亂橫陳眼前，比客廳廢墟現場還要驚人，但這倉庫最驚悚的不是比「喜馬拉雅山」還高的雜物，而是整面牆壁油漆一片片剝落，還出現一個又一個黑黑壁癌，這裡的潮濕霉味居然比廁所還要濃厚，讓人待不到一分鐘就噁心作嘔，渾身作癢。「哇塞！這房間狀況怎會糟成這樣？」聽到我的驚呼，他卻毫無表情地說，「這就是為什麼我平常不太打開這房間，裡面東西真的太多了。」

「不只東西多，我實在不懂房間牆上怎麼會有這麼多壁癌？」見我冒出這個疑問，他大手一指點到源頭，「因為這裡有條外露的明管。」「明管？」越過諸多障礙他拉我到床邊解釋，「妳看床靠牆那邊有條水管。」我探頭一看，果然看到一條灰色管線大咧咧穿過這不算大的房間，我問，「這通到哪裡？」「從後陽台到廁所，廁所用水就靠它啊！」他說的輕鬆，我卻聽的模糊。

「大約我們出生就有這棟老公寓了吧！」他從頭說起，「我十幾二十年前搬進來，管線還在牆裡，但沒多久開始漏水，那時師傅決定改明管，沒想到後來明管也偶爾漏水，但我沒空處理，就放著不管。」「這不能不管啊！整個房間都發霉了，裡面的衣服鞋子恐怕也都遭殃。」我眉宇緊皺，見他也一臉莫可奈何。

「這壁癌已經蔓延到主臥室，再不處理整個房子都會發霉。」聽到我搖著頭做出結論，他倒是點了頭，「所以我才說光是大掃除沒用，這房子得重新裝潢。」我繼續猛搖頭說，「裝潢不是問題，問題是眼前堆這麼多東西，必須清乾淨才能找人估價，不然工人根本走不進來，光是丈量都有問題。對了，那一間也這麼糟嗎？」

這三房兩廳一衛浴的老房子還有一間房間從未在我面前開啟，不曉得裡頭又是什麼光景，是否早就遍地生出小草菇，或是野草漫漫叢生？順著我手指的方向，男主人毫不遮掩繼續揭曉，我忐忑不安跟他走到另個邊間，就怕他一開門就有蜘蛛蟑螂逃竄而出。

怯怯地等門打開，我躲在他後方慢慢探頭一看，果然這裡情況也不輸其他廢墟，這間顯然是個書房，房間窗邊有個小書桌，書桌兩邊滿是各類藏書，擠成兩面書牆，幸好這時有個亮點分散注意。

「哇！是金庸耶！」「嗯！『飛雪連天射白鹿，笑書神俠倚碧鴛』我通通都有，而且不只一套，有平裝版，還有精裝版，當時為了集滿全集，我還去光華商場找了好幾回呢！」他總算一臉得意滿是光采。

「這套藏書可真厲害。」我不由得對他萬般傾慕，因為這可是我的夢想，大學時看「碧血劍」，對當中一角金蛇郎君印象深刻，因為他死後留下一紙，寫道「此時縱聚天下珍寶，亦焉得以易半日聚首」，讓我感動不已，從此就想找到「輕財寶重別離」的好兒郎，並且開始著迷金庸小說，幻想有天一定要收集金庸所有作品，但這個幻想始終沒有行動，而今看到有人完成，如獲至寶。

「不只金庸，我還有溫瑞安和亦舒以及張小嫻一套套作品，當然棒球書籍雜誌也很多，我的自傳也放在這裡，妳看，這是明星球員簽名棒球和台灣大聯盟吉祥物，當然還有老莊的書，全是多年收藏。」眼前東西琳瑯滿目，如果平時我肯定立刻開啟讀書計畫，將這兩面牆的書狠狠讀過一遍，但正是一套套書將整個書架壓得木板都彎了，甚至可能只消再多放一本，整面書牆就垮了。

「這個書房怎麼還有中島？」我笑著指向書房地上矗地而起好幾座「紙山」，「看來這裡堆的雜物也不少，還有好多張清芳專輯，你真是她死忠歌迷。」他尷尬笑說，「沒辦法，很多都是幾十年來的回憶，捨不得丟掉，改天找時間就把他們給丟了吧！」「千萬別丟。」這次反而換我急忙阻止，「這些書和收藏都是你的寶貝，丟掉就太可惜了，好好整理一下，這房間應該會很棒。」

現在看到他家全貌，我深深明白這裡不只有百廢待舉的廢墟，更有狀況不同的疑難雜症等著醫治，一連串阻礙越堆越多，越來越艱難，勇於面對挑戰的我都不免緊咬下唇，不知從何開啟作戰計畫。

「你真的不想找專家清理？」對我再次強烈建議，卻見他大氣一嘆，「好啊！找人打掃沒問題，但哪些東西該丟，哪些該留下來，還是要我決定，我根本沒空在家陪他們一起打掃。」這回答讓我徹底明白，要讓這房子大變身，恐怕只有一個人可以搞定，就是我這個「家政婦」，眼前很多東西看來多半發霉蒙塵，至少得先做個初步整理，再走下一步。

「這樣吧！我有空幫你整整。」「不要啦！我捨不得讓妳辛苦。」他一臉心疼地看著我，我回說，「至少要讓你家有路可走，不然每次我都像在下跳棋一樣跨著走，雖然腿長問題不大，但這樣過日子也太辛苦了吧！」

看我這樣堅持，男主人態度卻更加堅定，「妳不要煩惱這些問題，等我有空再說，妳工作那麼忙，我怎麼好意思讓妳太累。」看來「家政婦」要動手還不能明著來，得暗地進行老屋重整計畫。

著手計畫第一步，就是趁著球季，主人出外工作，「家政婦」潛入他家開始打掃，為了掌握時間，還得監聽整場球賽，一但比賽結束，「家政婦」必須趕緊逃離現場，千萬不能讓主人發現，以免他攔阻計畫進行。

計畫第二步，就是研究如何解決恐怖的壁癌問題，最後發現難度非常高，這必須讓專業的來。第三步得要確認老房子什麼東西可以保留，哪些又該換新，好讓主人做最後定奪。再來第四步得搜尋各種設計圖片做為參考，抓出房子適合的風格，再做細部裝潢規劃，我很喜歡看日本節目「全能住宅改造王」，沒想到現在正好派上用場，「廢墟改造計畫」完全不覺困難。

身為計劃癡，計畫狂，照SOP一一完成任務是一件很療癒的事，就算整個人身心靈沒有一刻停歇，卻一點都不覺疲累。但我萬萬沒想到，接下來卻面臨莫大痛苦磨難，日日萌生不如離去的念頭。

要做家政婦不難，搞定滿地黏死在地板的灰塵不難，掃掉餐桌下一堆被分屍的死蟑螂也不難，將被汙垢佈滿的電風扇拆掉丟進廁所反覆刷洗，這也簡單，就算看到一堆不知該不該丟棄的資料更不是問題，聚集起來等主人定奪它們生死即可。

難就難在這當中有許多屬於情感面的東西，屋子裡不只有他的東西，還有許許多多前人們留下遺跡。茶几下層一堆信封，隨意抽出來，就有好幾大疊廣告郵件，上頭出現陌生女性名字，與他的信件資料夾雜一起，我試圖理性地將之分開放入不同信封袋，試想交給男主人處理即可，然而這才不過冰山一角。

客廳沙發和地上堆了滿坑滿谷的衣服，有他春夏秋冬各個季節的襯衫和平日工作所穿的球衣雜亂交陳，一件件慢慢摺疊，還能幻想他穿上這些衣服時會是什麼模樣，但接著好幾座衣服山，竟在無數角落夾藏許多女性貼身衣物和各種花色小內褲，有的還沒拆封，有的沾了蟑螂遺骸或滿是髒汙。三不五時就會不意翻出，讓我不知該丟掉它們，還是留給男主人慢慢懷念？

這樣的折磨反覆出現長達好幾個月，我開始體會，在他家裡每一個空間堆積的不只是衣服雜物，而是一段又一段曾經的家庭生活，此刻的我竟被迫檢視這些過往。每每想停下手腳，不再面對這一切，但我心頭卻又湧出一個想法，如果不將這些去除殆盡，我和他的故事不可能展開新的一頁，於是我只能一個人埋首在這些不屬於我的過往中，舔舐傷口。

黑色塑膠袋包裹他與她的回憶，占滿整個空間。

變了心的人兒會回來嗎？轉身離開是種救贖？

終於有一天，我再也無法忍受，就在走出他家時，我又急急按了電鈴，不明就裡的他開門問說，「妳忘了帶東西嗎？」只見我一句話不說，用力指向木門上緊緊貼著的小板子，上頭是個粉紅色愛心，裡面寫著他們倆的英文縮寫，這般的濃情蜜意後來出現什麼問題，我不想探究，但這塊木頭卻像我的墓碑一樣，宣告我倆新生的愛情已然死去，走下樓梯，緊緊關上公寓鐵門，鎖上一切記憶。

「你留下她和你的愛情，我只有被逼得轉身離開。」發給他簡訊，我告訴他，我的心碎了，他也急急回應，「我隨即立刻馬上拿下來，沒有留戀，別這樣苦了自己，苦了我，我跟妳道歉。」「所以問題出在我身上？是我太在意才搞擰了？既然你這樣想，就留著吧！別弄了，讓她留著，讓一切繼續證明你們的愛情，證明到海枯石爛，天崩地裂。」

登時愛情灰飛煙滅，隨風飄散，寧願這地球不再證明我的存在。

不論他怎麼解釋，我就是過不了這一關，我實在不能確認，他是不是還在等她，畢竟那是一段一紙婚約曾經約束過的愛情，他說他是個與人牽了手就想牽一輩子的人，對這段婚姻的逝去，他是這麼痛心悲傷，會否在他內心最深處，總有個揮之不去的影子，讓他放心不下？而我來到這曾經屬於他倆的世界裡，會否也將在這陰影下漸漸死去？

這時的我，連吸一口空氣都感覺渾身疼痛，「就這樣斷了吧！」我告訴自己，「這樣下去，我只是替代品，是個過客，一切都是美麗的錯誤，既然錯了，就別誤了他倆再度聚首的契機，我必須斷然放手，才能讓他幸福。」這些思緒在腦中不斷迴旋，只想一把慧劍揮出，果決結束所有一切。

過了一段時間，他簡訊傳來，「我剛剛花了兩小時，將妳會看到的相關東西，盡可能清除了！」「就算你清除些什麼，我都不想繼續下去。」我傷心地回言，「我不想讓你覺得我是不可理喻的人，明明這一切都該是屬於你們倆人的，卻變成我獨自細數你們的過往。倘若看到不說，我就要在感情中忍耐著，但我對你說了，卻變成是我不理性，太在意，再這樣下去，我終究會瘋掉。」

「別，別這樣不開心，妳讓我好心疼，我現在心好慌，很久很久沒有這種害怕的感覺了，我想見妳一面。」他不斷懇求著，而我斷然拒絕，「我不想見你，也不能見你，我想我的存在阻礙了你們，你應該還在等著她回來，是我不該繼續存在，我應該退讓。」

這段話之後，他久久沒有回音，接著才傳來一張照片，是我從未見過的模樣，一頭亂髮面色殷紅的他，竟然滿臉涕淚，他寫著，「我很想見妳，很想跟妳說，我很愛妳。」這男人脆弱顯露至情至性的一面，還不斷哀求著，「妳不要離開我，妳快回來。」

照片上他的臉登時模糊起來，我才發現我的淚水霎時滴在手機上，就算用手擦了一滴，卻又接連一滴，淚水恍如夏日午後的大雨轟然而下。兩人為什麼哭了？這是不甘心還是捨不得，抑或這就是愛？腦中轟轟無法判斷，只能看著他的照片心酸一片。

我發出簡訊，「我多麼希望你好好的，多麼希望我好好的，多麼希望我們好好的，但我真的找不到可以讓我們都好好的辦法。」他回言，「妳見我一面，我們就會好好的，妳快回來。」見他一再哭喊要我「回來」，是否證明我札札實實住在他心裡？見面了，真能讓那些不快雲散月明？

我的理性告訴我千萬不能心軟，怪的是手指頭完全不聽使喚的在手機上回應，「別哭了，我見你，這樣的你讓我捨不得。」這時他像個孩子開心地說，「我等等去接妳，帶妳去吃鰻魚飯。」

天知道，我們的危機解除了嗎？她的影子抹去了？還是繼續在他心中遊走？說實在我依舊悽悽惶惶，總覺得還有許許多多困境擋在眼前，我不清楚多少女生談戀愛伊始就遇到這麼多棘手困境，我只明白，光是與他開始同行的這段路真的辛苦莫名，莫名到我已經不確定老天是不是真的祝福我們，未來怎麼走下去？我心中只浮現一個大大問號。

第六章

采葛

彼采艾兮，一日不見，如三歲兮。

走進他家，木門上粉紅名牌確實消逝了，但留下一個深褐色印痕證明它曾經駐足過，我不禁心頭一揪，那遠去的影子或然還留存在這個空間裡難以抹去，他帶著鼻音忙著解釋，「我清了兩個鞋櫃，現在裡頭只有我的鞋子，其他東西都扛到後陽台，後陽台堆得滿滿的已經沒辦法洗衣服了。」

我環顧周遭，雖然知道他曾動手整理，但客廳裡依然滿是雜物，我想其他房間恐怕動都沒有動過，其中必然也繼續夾藏留存前人遺跡。

他當然知道我的眼光停留在哪裡，就怕我立刻轉身離開，拉著我坐在依然蓋著黃布的沙發上娓娓道來，「我今天還有其他工作，只有兩小時得空收拾，家裡東西實在太多，我想恐怕要花好幾個月才能清乾淨。唉！懷萱，我知道妳在幫我收拾這個家，也知道妳很委屈，這裡真的像廢墟一樣，很多東西可能十年前就丟在那裡，要完全整好真的不容易，妳願意幫我，我很感謝妳，但我實在捨不得妳這樣累。」

「我不怕累。」我一臉愁容看著他，「我怕的是你心裡還有其他影子，如果你還在等過去的人回頭，我真的不會阻擋你們，我真心希望你幸福快樂不再皺眉憂傷。」

「妳怎麼老擔心我還有別人？」他大氣一嘆，雙手搭在我的肩頭輕輕晃著，希望能晃掉那些念頭，但我悽悽回應，「因為她留下這麼多東西，從衣服鞋子到內衣化妝品，甚至鏡子邊都黏滿她的雙眼皮膠帶，總覺得她隨時會回來。」

「她不會回來。」他一個字一個字的說，「我心裡沒有什麼別的影子，我心裡只有妳，過去不論誰要離開我，我都是祝福他們找到更好對象，絕對不會強留，所以我說『變了心的女朋友回不來了』，就是不會回來。但今天看到妳的簡訊留言，我竟然坐在地上崩潰痛哭好久，妳知道嗎？我第一次對人說出『妳不要離開我』，我毫不考慮地對妳說這句話，讓我愣住了，我真的很愛妳。」

「你不要淨說這些讓我哭的話，我想我還是離開吧！」我憂傷地回說，「我覺得我不夠好，是真的，這樣下去，我總是心頭紛亂，只會害你無法專心一意的搬磚，我也沒辦法好好過我的生活。」「妳很好啊！我的懷萱，我千萬個不願妳走。」他緊緊揪著我的衣袖不放，深怕我就此轉身翩然一去，我淡然一笑，「離別苦，留下苦，做人苦，下一世做顆石頭化為塵埃可不？」

「做人真的苦，但我有了妳，不苦。」他笑著試圖挽回，卻見我淚眼汪汪，「我得拿把刀子，將你從我心頭剔下，就怕一刀斷了我的心脈，要了我命，但就算不抽刀引劍，我也活得如針芒在心，留下苦，離別苦，我不想那麼苦，如果什麼情愛得斷，不再糾葛，會不會比較好？」他沉吟一會兒然後說，「我不想妳走，我真的很愛妳，我想跟妳在一起，不然我們結婚，明天就去登記。」

「結婚？」聽著這個提議，我冷冷回說，「如果你因為這個原因跟我結婚，我才是太委屈了。」「我不是要委屈妳。」他急切回應，「我就是不想妳常常為這些事情不開心，老擔心我心裡有別人，我們結婚就能讓妳釋疑。」我乾笑一聲，「這個理由跟我求婚，反而讓我更不開心，我不想這樣的婚姻綁架我，解決這些問題最好方法，就是我們不要在一起，彼此不存在，就不苦了。」

「我不能答應妳。」他幾乎動氣地說，「我不能沒有妳，我好不容易追到妳，不能再讓妳走，我知道眼前這些東西讓妳煩惱不開心，我會想辦法找時間收拾，相信我，我會讓妳幸福。」他緊緊抱著我，輕撫著我的髮，「我要一輩子跟妳手牽手。」聽到這裡，我眼角的淚水又不爭氣地滑落，就只為了這個他說了不下一次的承諾。

「你對我是認真的嗎？」女孩問了一個蠢問題，男孩抬起她的臉，輕輕擦去鹹鹹淚水說，「我愛妳，不管有多少人，都比不上妳一人，妳是我想在一起一輩子的人，妳不要離開我喔！」男孩再度溫情懇求，試圖融化冰山一角。

「我做了一個噩夢，夢到有個女生自稱是你前妻，她跟我說，你們去義大利玩比我倆去日本還開心，夢境中還看到義大利美景，你們正在其中。夢醒後，我哭了，我實在擺脫不了這些討厭的感覺。」聽我說起這個噩夢，他將我摟得更緊，「希望跟我在一起，妳都能無夢或好夢。」他輕輕在我額頭留下一個吻，「我不希望妳為這些事情這麼憂愁煩心。」

「唉！怎會不煩？你家堆積如山的雜物我整了又整，但還有一大半不屬於你的東西不知該怎麼處理，那一盒盒一箱箱一袋袋和兩大衣櫥的物品不搬開，就無法找人裝潢，估算價錢，不裝潢，你家的雜亂惡臭都無法解決，所有狀況被卡住，我萬萬沒想到整你的家，竟會整出這麼多的心煩意亂。」我蹙眉以對，他雙手捧住我的臉說，「交給我整就好，給我一點時間，我將她的東西整好。」

這時他起身費力地將我先前整好一袋袋黑色塑膠袋再扛到後陽台，花了好一段時間才挪出更多行走空間，至於那屬於過往的種種是否也跟著放到他心頭的某個角落，我全然不知，這一切只能等待時間證明。

等到他終於將所有前人東西放進二十五個大型黑色塑膠袋裡，已經是兩個月後，這段時間，看著許許多多東西漸漸「出土」，都教我備感煎熬。像是看到兩人一同刻的印章，「我愛老婆」的情人衫，兩人同遊異國的各種紀念品，還有掛在門上的大阪木刻，每每開門叮叮咚咚的聲音，都讓我感受到這屋子裡還有別人，不知道老天爺為什麼要這樣懲罰我，竟讓我遭遇這麼奇奇怪怪的情境。

整個過程不只心理折磨，還有很多現實要面對，這個家裡有太多必須回收的物件，眼見越堆越高，主人總是沒空處理，我只好趁他不在時一個人徒手扛著幾包東西，一步步走下樓，再送到路口回收婆婆的家，平時覺得這不過幾步路，但當拎著重物走，可就深刻體會什麼是甜蜜的負荷，到第四趟時，左右手早就不聽使喚無法高舉，手肘還滿布袋子帶來的深紅色勒痕，當然腰痠背痛也總免不了摧折著我。

等我忍痛抱著一袋雜物打算走第五趟時，才步下樓梯卻無法再多邁開一步，站在樓下鐵門前喘氣，猶豫好一段時間，最後我放下那袋雜物，打算等他回來請他自行搬去，殊不知他回家一踏進屋子，第一句話竟是追問，「樓下的書是我的雜誌吧！是妳將它們丟掉的嗎？」這近乎苛責的字眼從他口裡脫口而出，我這一晚上所有辛苦努力立刻化為烏有。

「真是抱歉，我不知道你還要那些雜誌，他們被亂堆在地上，看來像是不要的，不然我立刻去拎上樓。」我放下手中正要回收的東西，慌亂解釋著，就聽他說，「我自己去拿，以後我的東西不要丟，我還要用。」大呼一口氣，我緊咬下唇輕輕點了點頭，卻同時倍感心酸。

他看我滿臉難過，知道自己話說重了，又趕忙示好，「妳不要那麼辛苦，我們將這些東西整理之後就找人裝潢，先前妳不是寫了一份企劃書，我們來討論一下。懷萱，我想要給妳一個家，一個我們的家。」聽到這段話，我鼻頭一酸，心裡種種苦楚煎熬全然湧現，他抱著我問，「妳喜歡什麼顏色？」「紫色和藍色。」「這麼巧，我也喜歡這兩個顏色，妳說，我們兩個是不是真的很像？」

「客廳塗上嬰兒藍，房間漆著輕柔紫，你覺得好嗎？」放掉憂傷情緒，我開始堆砌一個家的色彩，獲得他點頭首肯，「可以，天花板也要漆一漆才行，都剝落不少，妳看，這個老房子的橫樑要不要裝上個邊，才不會覺得只是換了個顏色。」我從自己隨身提包中翻出厚達幾十頁的企劃書開始記錄著，所有規劃就只等待男主人做最後決定。

「嗯！首要處理的就是那個壁癌很嚴重的房間嗎？」他看了看企劃書問，「這處理起來很麻煩吧！我沒有太多時間在家監工。」我完全料中回說，「如果我有空，我來監工，這房間是你家所有問題源頭，簡單來說，水管必須重新接管，不能再用明管。」他一臉狐疑，「不用明管，要是再漏怎麼辦？」我說，「水管要做得牢實，牆壁重新做防水處理，批土後再漆上防水油漆。」

「這真是好複雜。」他大呼一口氣，似乎想打退堂鼓，我緊張追問，「所以你不想弄了嗎？」「也不是，我只是覺得要搞定這面牆怎麼這麼困難？」他噘著嘴看著計劃書，我說，「那是因為問題出現一開始不處理，現在才會花好幾倍的力氣搶救，這次不弄好，再拖下去壁癌蔓延其他房間，恐怕要花更多時間更多錢解決，現在必須當機立斷，等處理好了，這房間就拿來做你的衣帽間。」

金牛座的他是個猶豫先生，什麼事情大概會想三十次甚至三百次都可能遲遲無法決定，而雙魚座的我卻是個急驚風，做事擅長快狠準，所有評估在腦中就算來回想過三千遍，也不會花太久時間，兩個人雖說都同樣在新聞媒體工作，但環境不同，塑造出來的個性也迥然不同，他的體育轉播講求耐久戰，我的新聞採訪養成反應快。面對裝潢大事，考驗的正是兩人怎麼相處，怎麼妥協。

「這個電視邊櫃也要換嗎？」他指著客廳一個藍色立櫃問道，我回說，「這櫃子抽屜壞了，當初整理裡頭雜物，我還被夾傷了手。」看著我手上黑青，他依舊嘟嘴問，「可是這顏色我很喜歡耶！留下它或再找個一模一樣的？」我回說，「上網查過了，店家已經沒賣這款櫃子，如果要留下來，就得修理滑軌，不然可能會再弄傷人。」他起身探看櫃子，果然一拉就垮很難再放回原位。

「嗯！我們再看看，等我有空修一修，說不定還能用。」他不死心想留下這櫃子，我當然尊重主人意見，就聽他翻了下一頁計劃書接著說，「書房也要改嗎？我想書房就用原來的架子吧！那些書太多，動那間好麻煩。」書房現在變成儲藏間，要搬動當然是問題，但裡頭還有他倆的大幅婚紗照，難道要一直放在那個房間？我如鯁在喉，心底悶得慌。

「廚房也要換新嗎？先前我很少在用，妳打算煮菜？」「我……」他問了個大哉問，讓我頓時不知怎麼回應，就聽他說，「如果妳想下廚，要不要換新由妳決定。」這麼重大的決定落在我頭上，我回說，「我查過，如果二合一拼裝流理台應該兩三萬可以買得到，只是可能要找人安裝。」「這麼麻煩啊！再看看好了。」他又留下一個未定答案，想要裝潢出一個我們的家，看來更添變數。

「主臥的床也要換新嗎？我覺得它還可以睡耶！」他的話讓我深深吸了一大口氣，我耐著性子說，「你不是老提這床睡了，會讓你背好痛嗎？所以我查了幾款好睡的床要給你看，如果有空，帶你去店家試躺體驗，換一張新床。」說完這段話，其實我還有後話沒說出來，我心想，這床想必前人睡過，現在不換掉，要我日後如何安心容身有歸屬感？

但他似乎完全不明白我的心思，「我也不是天天背痛，就先留下來，等到不能睡再說吧！對了！還有好幾張被套放在床下，我等等抬起床架，妳可以幫我拿出來嗎？當中有一套質料很不錯，我先前用了很喜歡，不過前妻她不愛，所以又收了進去。」聽他說完，我渾身發涼，對他才許下承諾要給我「一個我們的家」，不免開始悵然，這家裡前人的影子像鬼魂一般，總是會趁勢飄然現身。

等到被子床套一鋪好，他跳上床說，「妳看這材質滑滑的，睡起來很舒服。」我勉強摸了一下，赫然發現被子上留有一個淡紅色痕跡，我說，「這床被應該洗一洗再用吧！」他深陷在溫暖被窩裡不在意地說，「沒關係啦！」而我卻怔怔看著那印子啃噬我的心窩，好疼好痛卻又不知怎麼跟他開口，因為我無法分辨他究竟是惜物還是惜人，捨不得的會否是過去種種回憶和那個也許會回頭的身影？

這麼多原班物件留存下來，我不知道這個屋子就算重新裝潢，會是一個我們的家？還有屬於我的感覺？抑或是有著二加一的無奈所在？這些想法萬分虐心，偏偏我就是無法當作沒看到沒感覺。

「他其實還在等她回來吧！」這個念頭又再度浮現，我搖了搖頭也無法完全否定這個可能性，「不然為何他什麼東西都想留下來？」我自問卻無法自答，靜靜看著他在這個家舒適地生活著，心想「也許他要的就是原來的樣子吧！原來的家，原來的床，原來的生活，也許還有原來的陪伴，而我終究成了多餘的人。」

我倒抽一口涼氣，然後說服自己，「也好，我本就願意讓賢，等她回來，一切如舊，讓他們再續前緣。但凡我在這裡所做一切，將是為她回歸作好準備。」

接下來我開始接洽做裝潢的小學同學進駐丈量，同學一進房子就驚呼，「哇！這屋裡東西不少耶！」我尷尬回說，「本來還有更多，現在已經少了一大半。」「這樣喔！可是這些東西如果不清空，很不好裝潢喔！」同學拿著紅外線筆開始估算每個空間，邊聽我說，「我們沒有太長時間施作，有沒有可能一個月搞定？」「一個月，這麼拚？」「對啊！因為男主人只有一月有空。」

「一月剛好是過年前耶！那時候家家戶戶都在趕工，工人可能忙不過來唷！」同學的預告已經強調裝潢計畫的難度提高，結果一旁男主人還加碼說，「而且我還會住在這屋子裡。」「哇！如果你還要住在這裡就不可能每個房間同時施工啦！這樣一定會拖慢時間。唉唷！我來想想辦法。」師傅同學瞇起眼睛露出為難的表情，越是看遍每個房間，他的臉色越加鐵青。

最後師傅同學大喘一口氣說，「這麼多東西只能搬過來搬過去，齁！這實在高難度，看來只能一間一間搞定。」師傅同學原本有張方形的臉，現在卻揪的跟包子一樣。

「就先從這間有壁癌的房間開始做，這裡不解決，其他間做了也沒用，很快會被壁癌侵蝕毀壞。」師傅同學願意接下這個不可能的任務，讓我心頭大石終於放下一顆，同學笑開懷地說，「誰教妳小學時候就坐在我隔壁，我逼妳幫我寫功課，妳還恰北北不肯就範耶！現在我幫妳忙，剛好而已。」這段童年往事我一點都不復記憶，但不論任何理由，都讓我對這位師傅同學願意幫忙感激莫名。

「有壁癌的房間打算做什麼用途？」師傅同學務實地問，我回說，「這一整間做衣帽間，收納男主人的衣服。」師傅同學點了頭說，「這個單人床和電腦桌椅及兩個小衣櫃都要留著嗎？」我看了男主人一眼，聽到他開口說，「床發霉了，電腦桌看來壞了，這兩個東西可以丟掉，至於衣櫃……」這語氣聽起來還要留下來，裡頭還滿滿放了前人各色衣服，讓我不禁大大深吸一口氣。

「這老房子天花板大概兩百三十公分高，衣櫃做到頂才能收納更多，現在這兩個一百八十公分高的小衣櫃太浪費空間，就算上面放小盒子也不好用。」師傅同學適時補上一句，生性最討厭「浪費」二字的猶豫先生沉吟一會兒說，「好，那就通通換掉，兩排衣櫃做到天花板。」「Yes!」我心裡頓時冒出小小歡呼，這才發現我多期待他的家能告別過去。

「啊！這個廚房流理台也太低了，而且櫃子幾乎無法打開，應該要換新的啦！這種拼裝流理台很容易生蟑螂。」師傅同學提出不少裝潢建議，拿著紅外線丈量器不斷量著尺寸說，「流理台可以做一套新的，一整排做下來很漂亮。這廚房不大，做起來不會很貴，旁邊這個放東西的鐵架已經生鏽了，如果改成有門的櫃子，應該會絕塵好收納。廚房很重要啊！吃飽吃好就靠這裡了。」

師傅同學循循善誘做出各種家的可能性，讓諸多還在猶豫的選項似乎也開始朝向定案方向，「嗯！看來廚房裝潢一下好像也不錯。」男主人點了點頭，家政婦忍不住在心裡默默按了個讚。

師傅同學走到下一個點接著說，「喔！那個浴室放牙膏牙刷的鐵架子最好一起換掉，潮濕的空間裡盡量不要放金屬架，容易銹蝕發霉。齁！客廳的電視櫃也壞了，還有書房的書櫥恐怕也撐不住，我擔心不多久這些家具就會垮掉，這樣很危險耶！」也許專家建議奏效，他忙著點頭說，「嗯！這些都換一換好了，對了！所以這些大型家具你們都會幫忙丟嗎？」

「如果你要我們幫忙，我們就開卡車來載啊！」師傅同學很阿莎力試圖一一解決所有疑難雜症，就聽到男主人說，「我問過我爸媽，他們想要一張床，那個主臥室的床可以請你們幫忙搬過去嗎？」

男主人拋出的話，不禁讓我嘴角上揚，沒想到最後一刻他竟然推翻先前堅持，願意拋下原來模樣，眼見種種一切都將有新面貌，我萬分欣慰看著男主人，說好要許我們一個新生活看來漸漸有譜。

師傅同學最後問了一個最重要問題，「我看過所有房間，這間老房子其實保養得還不錯，只有小地方要處理，裝潢沒問題，只是請問你們預算多少？」我看了一旁的男主人一眼，見他也正瞧著我，希望我代他開口，於是我怯生生地小聲對師傅同學回應，「大概只有五十萬。」我非常擔心這不大的數字一說出，師傅同學馬上斷了幫忙裝潢的念頭，接著師傅同學毫無慍色鏗鏘有力地說，「好！交給我。」

「真的嗎？謝謝你這麼大力幫忙。」這間四十多歲的老房子，要整修的地方何其多，我何嘗不知師傅同學幾乎半買半相送，「不過……」師傅同學語氣一轉，我繃緊神經深怕有個閃失，就聽到他說，「這裡堆的東西太多了，可能還是要請你們收拾一下，這樣比較方便裝潢，至少那個壁癌房間最好先完全清空，等你們搞定，我的工人就能進場處理壁癌問題了！」

短短幾句話說來輕鬆，但大約花了我們兩個月時間才終於搞定大部分東西，這段時間我就像待在資源回收廠，什麼該丟，什麼該請主人裁示，都得分得清清楚楚。每當師傅同學問我，「妳們收好了嗎？」「真抱歉，我們還在整。」這個回答讓師傅同

每天當小監工，懷萱想送給展元一個美麗的家。

男主人住工地裡，一個月真能改變一個廢墟？

學憂心地說，「那要快點，快要過年了，我合作的師傅會有很多案子，就怕無法專程做這間老房子，變數會更多。」

變數，是我最不想聽到的兩個字，萬一有了變數，我所有辛苦規劃的一切都要重頭再來，而這也代表影子將繼續陰魂不散。這影子是我的心魔，揮之不去。

「對不起，過去我們都沒有好好整理，害妳這段時間這樣辛苦，我已經跟她說好，讓她將東西帶走。」終於有一天男主人告訴我，他跟前妻聯絡上了！但我又開始天人交戰，不知這一連絡，會否又牽出藕亂絲連的情境。

「所以她會回來嗎？」我不安地問，就見他說，「嗯！她打算回來整。」「她要回來這個家？」我張大了眼睛，開始看到一個影子出現清楚輪廓，踏進這個家，給他一個深深擁抱，還說了聲「好久不見」，或許得住個好幾天，甚至還可能說出「我還是愛你的，我可以回來嗎？」

不等我繼續多想，他趕緊回應，「我告訴她，我已經弄好了，過幾天就將東西寄給她，我聯絡幾家託運公司，現在正在比價，當中有家還要我押車。」「押車？這意思是說你們兩人還是會見面？」我心頭一空，不知兩人倘若趁這次機緣再見，又將帶來什麼結局？「沒有，我沒空去。」他一說完，我急切追問，「所以有空你就會去嗎？」他看著我說，「妳別擔心，我沒打算見她。」

此刻的我就像個魏晉南北朝的妒婦一般，寧願喝下毒酒立刻死去，也不想在這些來回周折當中黯然神傷。

一天早上，二十五包黑色大塑膠袋裝得滿滿的物件終於被送走，房子的通道開始順暢無比，不需要再跳著走路，他告訴我，來收貨的司機也沒想到每包東西都那麼重，一件件扛上車，還大喘好幾口氣。二十五袋東西搬走了，至少現在開始，大部分東西有了明確的主人。為何說大部分東西？因為還有一些物件是屬於過去兩人共有，而我一點也不想碰觸，更不想探看專屬於他和她的記憶。

「我們可以請你同學來裝潢了。」他開心地說，我翻開日曆回他，「現在已經要十二月底，再一個月就要過年，工人特別忙，是不是等過年後開工比較好。」看了看我手中日曆，他嘟著嘴說，「過年後球季開打，我恐怕更忙，根本不可能動工，一月是我最有空的時間了。」男主人給了一個不可能更改的時間，我只好請師傅同學幫幫忙，好心的同學略有為難，但還是笑了笑，滿口答應。

這個四十年老房子就要變身，屋主只給一個月時間汰舊換新，我的人生也進入一級備戰狀態。拿出企劃表，我擅長安排設計的左腦細胞全員出動，哪一天工人要進場，哪時候新買商品將送達，還要查出必須添購哪些物件，以及男主人何時可以在家監工，我又要何時去代班，每天這些人這些事要給多少現金，通通都要提醒男主人準備好，最重要的是所有裝潢費用必須控制在五十萬左右。

一月四號開始動工了！這一天大型雜物必須搬除才好裝潢，但光是搬這些東西就

裝潢意外頻傳，兩人從哭笑不得變成笑到瘋癲。

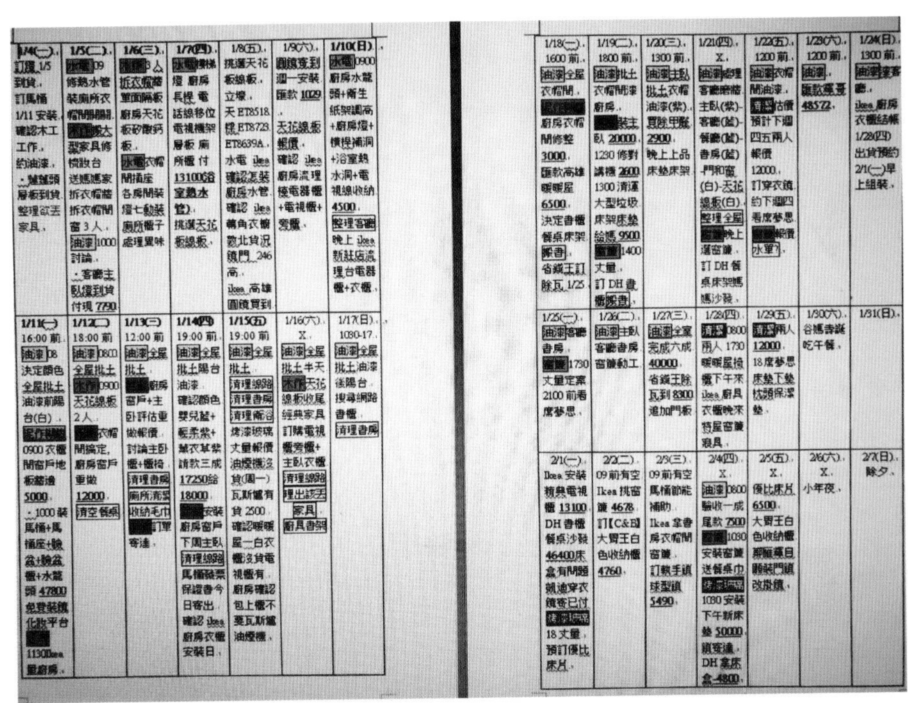

1/4(一)。訂購 1/5 到貨。訂馬桶 1/11 安裝。確認木工工作。約油漆。・鍍鍍頭層板到貨。整理欲丟家具。	1/5(二)。水電 09 修熱水管裝廁所衣帽間關關。[illegible]搬大型家具修梳妝台送媽媽家拆衣帽牆拆衣帽間窗 3 人。油漆 1000 討論。・客廳主臥燈到貨付現 7790	1/6(三)。[illegible] 3 人拆衣帽牆單面隔板廚房天花板矽酸鈣板。水電衣帽間插座各房間裝燈七動裝廁所櫃子處理異味	1/7(四)。水電樓梯燈 廚房長桿 電話線移位電視機架層板 廁所櫃 付 13100(浴室熱水管)。挑選天花板線板。	1/8(五)。挑選天花板線板。立燈。天 ET8518。棒 ET8723。ET8639A。水電 ikea 確認怎裝廚房水管。確認 ikea 轉角衣櫥數北貨況鏡門 246 高。ikea 高雄圓鏡買到。	1/9(六)。圓鏡寄到週一安裝。匯款 1029。天花線板報價。確認 ikea 廚房流理檯電器櫃+電視櫃+旁櫃。	1/10(日)。水電 0900 廚房水龍頭+衛生紙架調高+廚房燈+橫桿補洞+浴室熱水洞+電視線收納 4500。整理客廳 晚上 ikea 新莊店流理台電器櫃+衣櫃。
1/11(一) 16:00 前。油漆 08 決定顏色全屋批土油漆前陽台(白)。[illegible] 0900 衣櫃間窗戶地板踢邊 5000。・1000 裝馬桶+馬桶座+臉盆+臉盆櫃+水龍頭 47800 免費裝鐵化妝平台 [illegible] 1130 ikea [illegible]廚房。	1/12(二) 18:00 前 油漆 0800 全屋批土。[illegible] 0900 天花線板 2 人。[illegible]衣帽間搞定，廚房窗戶重做 12000。清空餐桌	1/13(三) 12:00 前 油漆全屋批土。[illegible]廚房窗戶+主臥評估重做報價。討論主臥櫃+櫃椅。清理書房 廁所清潔 收納毛巾 [illegible]訂單寄達。	1/14(四) 19:00 前。油漆全屋批土陽台油漆。確認顏色嬰兒藍+粉柔紫+薰衣草紫 請款三成 17250 給 18000。[illegible]安裝廚房窗戶下周主臥 清理線路 馬桶發票保證書今日寄出。確認 ikea 廚房衣櫃安裝日。	1/15(五) 19:00 前 油漆全屋批土。清理線路 清理書房 清理衛浴 烤漆玻璃丈量報價 油煙機沒貨(周一) 瓦斯爐有貨 2500。確認暖暖屋一白衣櫃沒貨電視櫃有。廚房確認包上櫃不要瓦斯爐油煙機。	1/16(六)。X。油漆全屋批土半天。木作天花線板收尾。經典家具訂購電視櫃旁櫃+主臥衣櫃 清理線路 理出該丟家具。廚具書架	1/17(日)。1030-17。油漆全屋批土油漆後陽台。搜尋網路書櫃。清理書房

1/18(一)。1600 前。油漆全屋衣帽間。[illegible] 廚房衣帽間修整 3000。匯款高雄暖暖屋 6500。決定書櫃餐桌床架 [illegible]書。省錢王訂除瓦 1/25。	1/19(二)。1800 前。油漆批土衣帽間油漆廚房。[illegible]裝主臥 20000。1230 修對講機 2600 1300 清運大型垃圾床架床墊給媽 9500 窗簾 1400 丈量。訂 DH 書櫃[illegible]書。	1/20(三)。1300 前。油漆主臥批土衣帽油漆(紫)。買除甲醛 2900。晚上上品床墊床架	1/21(四)。X。油漆整理客廳踢腳 主臥(紫)-客廳(藍)-餐廳(藍)-書房(藍)-門和窗(白)-天花線板(白)。整理全屋 窗簾晚上選窗簾。訂 DH 餐桌床架媽媽沙發。	1/22(五)。1200 前。油漆衣帽間油漆。清潔估價預計下週四五兩人報價 12000。訂穿衣鏡。約下週四看席夢思。[illegible]報價 水單?。	1/23(六)。1200 前。油漆。匯款華哥 48572。	1/24(日)。1300 前。油漆[illegible]客廳。ikea 廚房衣櫃結帳 1/28(四)出貨預約 2/1(一)早上組裝。
1/25(一)。油漆客廳書房。窗簾 1730 丈量定案 2100 前看席夢思。	1/26(二)。油漆主臥客廳書房窗簾動工。	1/27(三)。油漆全室完成六成 40000。省錢王除瓦到 8300 追加門板	1/28(四)。清潔 0800 兩人 1730 暖暖屋檢櫃下午來 ikea 廚具衣櫃晚來特屋窗簾寢具。	1/29(五)。清潔兩人 12000。18 席夢思床墊下墊枕頭保潔墊。	1/30(六)。谷媽詩誕吃午餐。	1/31(日)。
2/1(一)。Ikea 安裝精典電視櫃 13100。DH 書櫃餐桌沙發 46400 床盒有問題 凱迪穿衣鏡寄已付 烤漆玻璃 18 丈量。預訂優比床片。	2/2(二)。09 前有空 Ikea 挑窗簾 4678。訂【C&B】大買王白色收納櫃 4760。	2/3(三)。09 前有空馬桶節能補助。Ikea 全書房衣帽間窗簾。訂軟手鎖球型鎖 5490。	2/4(四)。X。油漆 0800 驗收一成尾款 7500 窗簾 1030 安裝窗簾送餐桌巾 烤漆玻璃 1030 安裝 下午新床墊 50000。鎖寄達。DH 桌床盒 4800。	2/5(五)。X。優比床片 6500。大買王白色收納櫃 [illegible]自願裝門鎖改掛鎖。	2/6(六)。X。小年夜。	2/7(日)。除夕。

兩張 A4 紙道盡一個月內紊亂重整下生出的愛。

夠嚇人，連男主人都得下場幫忙，因為要移走一張大床，一張小床，一張電腦桌，兩個衣櫥，三個電視邊櫃和一個電視架，以及好多好多奇奇怪怪雜物，光是這些東西加總下來，竟然得耗時好幾天，卡車就塞了兩車以上，原本說好要換掉的書櫃，卻因為上頭擺滿書，完全無法動彈，得擇日再丟。

走進書房，我赫然發現有個物件不見了，就是那一大幅捕捉著兩人甜笑的婚紗照，他決定處理掉。問他怎麼捨得，他說，「沒什麼捨不得的，就拿膠帶將照片貼好貼滿，再放上卡車，當初花了不少錢拍，現在想想真的很浪費。」

「徐先生，麻煩你來一下。」搬著重物的男主人這時被水電先生緊急叫住，才知道水電先生終於揪出這房子迭有惡臭的主要原因，「徐先生，你看這個舊馬桶下方有個小洞，臭氣就從這裡飄出來，因為它根本蓋不住原來管子啦！要解決只能換掉，買大一點的馬桶。」兇手抓到了，問題也來了，得盡速找到適合舊管線的馬桶，這當然是我的工作，拋下其他正在搜尋的物件，全力鎖定馬桶。

比價時間開始，我上網詢查好幾家店，看了一堆馬桶，功能不一，造型各具，最後發現合買一整套洗手台和櫥櫃比較划算，一一打電話向各家業務員問明，將幾個方案截圖下來，等男主人有空時向他報告，再請他點選，等到猶豫先生猶豫五十遍選好商品之後再向廠商訂貨，最後確定男主人在家時間，才好安排店家銀貨兩訖。

光是經歷這個流程就夠折騰人了，沒想到男主人看到洗手抬和收納櫥櫃換新了，臨時決定順便換掉裂掉的鏡子和老舊的玻璃置物架，於是我趕忙上網找到幾款尺寸樣式得宜的置物架，再自己一人趕緊衝到最大家具賣場，在偌大商場中來回走到快要斷腿才終於選定一款又大又圓的明鏡，店員卻當場潑冷水，鏡子是展示品，目前也不補貨，我只好打道回府，上網再查。

這一細查竟然發現同樣一面鏡子在高雄有賣，只好厚著臉皮拜託正忙著結婚的高雄親戚幫忙代買，從遙遙南台灣小心包裝寄上台北。

接著水電先生開始處理這老房子最大的毒瘤，就是幫壁癌房間漏水的水管換上新管線，想不到搞定後，男主人轉動水龍頭之際竟發現異狀，「老闆，水龍頭怎麼沒有熱水？」水電先生一臉疑惑，指著當初的派令單說，「先前沒有說要裝熱水，只說要裝冷水。」男主人張口驚回，「浴室沒熱水怎麼洗澡？老闆，錢不是問題，麻煩幫我們加裝熱水管。」

修改派令單，水電先生重頭再來，才終於讓浴室有了熱水，而這樣的意外又耗費許多時間，增加不少預算。

裝潢才剛開始，就出現這麼多忙亂狀況，我翻了翻日曆，赫然發現原來正是水星逆行，任何事情得一而再，再而三，來回周折無法一次搞定。這般天時不利的情況下，我們竟敢幫老房子變身，真是膽子很大，而此時也正考驗兩人愛情是否真的堅不可催，因為這一遭所見問題，足以讓人寫出一本裝潢奇遇記。

「這是真愛。」每回我都告訴自己一定是這樣，才讓我不辭勞苦願意為他如此四處奔忙，這些事物光遇上一件就夠瑣碎麻煩，教人滿心不耐，但在經歷一個月時間緊迫趕工下，像這樣的突發狀況接踵而來，毫無消停，負責規劃的我為了節省預算，全程扛下工頭角色，萬事通通得快狠準迅速搞定，那段時間我的腦細胞快速運轉，腎上腺素日日燃燒最高點，隨時應付任何疑難雜症。

「啊！破掉啦！」水電先生驚叫一聲，男主人趕緊前去探看，就發現主臥的燈具拆下來時，本來的裂痕順勢裂開一個大洞，水電先生無奈地說，「啊好！這個燈恐怕無法換到廚房了啦！」

為了省錢，我們打算只買客廳和主臥兩個主燈，其他的燈都盡量用舊的，所以原來客廳的燈要拆給衣帽間，衣帽間的燈要放書房，書房用了二十年不壞的長長燈管則是讓它退役，主臥的燈要挪到廚房，廚房的燈要轉到後陽台。

但現在該放在廚房的燈當場被捏破，只好請水電先生先拆其他房間的燈，男主人立即衝去大賣場採買。這個大賣場對我們來說並不陌生，先前為了買客廳和主臥的燈，早就不知在這兒來回探看多少回，但當時挑不出適宜的燈，反而帶了一顆餐廳燈回家，只因為男主人突然想到有回餐廳燈接觸不良，既然要裝潢就乾脆一塊兒請水電先生幫忙更換。

像這樣預想跟買回東西總是不同的情況太多，讓我不再有太多驚訝，但買這顆廚房燈，可就像購物台會出現倒數計時的數字一般緊繃，因為水電先生隔天還有其他工作，只為了一顆燈要他特別再跑一趟，也讓我們於心不忍。到了大賣場，猶豫先生肯定在眼花撩亂的選項中躊躇不前，為了讓他加速選定，我趕緊在家上這間賣場網站幫忙挑選。

最後我貼給他一盞燈，寫下「這燈價格七九九，便宜又優雅」，他回傳我「信不信，我正在看同一盞燈呢！打算爬上去確認它有沒有頂蓋，擔心落灰塵，懷萱，妳說我們兩個的品味是不是真的很像？」這般巧合真的讓我渾身汗毛直豎，但臉上甜甜微笑久久不散，這段時間忙得焦頭爛額，竟會出現這讓人會心一笑的美事，令人有了十足動力繼續面對艱難挑戰。

就在水電先生搞定燈具同時，我開始跟油漆工頭議價，確認下週進場時間和要從哪裡開始施工，因為就算運走好幾車垃圾，老房子裡他的東西還在每個房間堆積如山，亂成好幾團，我們得祭出「愚公移山法」，做到哪間就搬哪間。

「壁癌房間就要開始油漆，這堆衣服雜物你打算放哪裡？」剛下班的他還來不及擺脫僕僕風塵，就得面對我提出的難題，他隨口說，「就放後陽台吧！」「那裡已經一堆家具，而且衣服放後陽台太潮溼。」「那就放書房吧！」「你書房的書還沒搬開。」「那放客廳？」「工人進進出出，衣服放在客廳不太好吧！」「那只能放主臥了！」

當所有衣服箱子塞進老房子最大房間，頓時讓人像住在貧民窟，而且慘的是主臥的床搬走了，還得從我家支援充氣床墊，男主人才能有個落腳躺下的地方。「得委屈你這樣住一段時間。」我心疼地看著男主人，「開始油漆之後，每個房間東西挪動，恐怕苦日子就要來了。」男主人說，「懷萱，只要有妳幫著我，我一點都不怕苦。」如此辛苦情境，這人還這麼會說甜言蜜語，教我著實意外。

老房子新生活來到最後一哩路，我向上天許的願望看來將要達成，「不論是否在一起，我希望他至少活得有尊嚴，就算接下來如果真的出現讓他更幸福的對象，我也願意退讓。」這願望像咒語一樣，我緊啣在口來回反芻，祝福著他，提醒著自己。至於我和他的命運線會否就在終點到達時連結成一個神祕微笑，就看這條困苦路上，兩人的手還能不能緊緊牽住，絕不鬆開。

第七章

桃夭

桃之夭夭，灼灼其華。之子于歸，宜其室家。

限時一個月將廢墟華麗變身，真的是不可能的任務，此時不但水星逆行，還是農曆年前最後一個月，油漆師傅工頭只來一兩天就罕見現蹤，他手下的小工也都在不同案件之間來回奔走，所以每天來油漆的常是不同人，沒有老闆隨時監工，每個人來到這屋子都會驚呼先前的人在亂漆什麼，整個進度不斷拖延，亂成一團。

油漆真是房子裝潢中最大工程，工頭原本信誓旦旦告訴我整個屋子三房兩廳加上前後陽台兩星期就可搞定，但光是那間壁癌房間就弄了十天以上，因為先要刮除舊漆，再糊上防水層，重新批土之後再漆上防水漆和兩層水泥漆，每個工法馬虎不得，而這樣就已經足夠耗盡我們所有耐性。

「喂，師傅，不好意思，你的小工要我問過你，他才敢處理問題，我想請問為何那間壁癌房間批土後，整個牆凸出來一大塊，牆面都歪了？」「這怎麼可能？」工頭在電話那頭拖長尾音像似這一切都是我胡謅的調調，教人瞬間冒出無名火，壓制火氣之後再追問，「請問你沒看到剛剛傳過去的照片嗎？」「看啦！但我覺得還好啦！妳這是老房子，很可能妳們的牆本來就是歪的。」

「啊！」工頭的解釋讓人傻眼，我沒好氣地說，「如果牆原本就是歪的，以前這邊放衣櫃怎麼沒見到出現任何空隙，你要不要親自來看一下啊？」「好啦！好啦！我請工人修好，有空我再多注意啦！」接著小工立刻接到電話，卻開始針對其他橫樑動工，我趕忙阻止，「你弄錯了，我說的是那面牆歪了。」小工一臉無辜指著橫樑，「可是……師傅要我修這裡耶！」

於是我只好去電再問，油漆工頭才說，「喔！妳說的那邊喔！就是先前修了壁癌，所以批土沒弄好，好啦！我叫小工重新弄。」工頭終於開綠燈，小工照我點出的地方磨平再漆，終於還我一個直角牆面。

就在油漆總是搞不定的同時，過了兩天老房子抗議了，「懷萱，廚房木窗被工人拉破了。」「啊！破了？怎麼會？」男主人傳來壞消息，我萬般想留下的古樸老木窗，才不過歷經四十個春夏秋冬，工人一碰就此毀敗，我聽了欲哭無淚。

「除了廚房木窗，壁癌房間的木窗正是白蟻窩，也要一併換掉。」「啊！白蟻？牠們都活著嗎？」「對啊！」在現場實況報導的男主人說，「還會爬會飛咧！難怪去年五月我家有捉不完的白蟻，那時一隻一隻送到窗外讓他們飛走，後來實在太多，只好關了燈，打開窗戶讓白蟻飛到外頭去，沒想到牠們原來就住在家裡啊！」去年「盛況」讓男主人心有餘悸，如今終於找到源頭。

但過了一會兒，男主人再次回報，「剛剛鋁窗工人來了，說他無法丈量壁癌房間的窗，而且先前做好的鋁窗他帶來了卻說不能用，還得要付費。」「不能將他帶來原來鋁窗重新再製嗎？」面對更多意外，我的語調冷靜自持不再驚訝，就聽男主人說，「鋁窗工人堅持再做新的，而且現在木窗被拆下來，裸露的窗框根本不平整，鋁窗工人要求等水泥糊好才能丈量，所以現在我正連絡泥作，看什麼時候過來施作。」

老房子變身現下憑空又冒出鋁窗和泥作兩個工，預算無限制追加，時間如此緊迫，狀況卻從沒停過。

泥作老師傅帶了一個小徒弟來了，迅速糊完窗框牆面，沒想到老師傅人才一走，該是平滑的窗框乾了之後竟是凸起一塊，再次登門的鋁窗工人看了只有再次打槍，說他拒量，要求必須磨平再請他來，我們只好再聯絡泥作老師傅再次出馬。

結果過了幾天泥作老師傅帶著滿肚子火氣來，大聲痛罵身邊小徒弟給我們聽，「這些問題不是油漆工人就可以搞定？幫我們用砂紙磨平或是批個土不就好了吧！幹嘛要我們多跑這趟？」看著這火大場面，我們同情那無辜孩子，更面面相覷無話可說。

許是老師父氣瘋了，這一磨又將乾了的水泥搓掉一塊掉了下來，霎時窗邊反倒冒出一個窟窿，師父臉色更是鐵青要小徒弟回車上扛材料，重新拌沙弄土和出一攤水泥，兩人七手八腳忙著糊上，好一會兒功夫才終於搞定。送走泥作，我們趕緊再約鋁窗工人擇期丈量，卻得了個不確定何時有空的回應。

隔天油漆小工聽說泥作怪罪他們沒有幫忙處理凹凸不平的水泥牆面，也滿是委屈，「他沒弄好怪我們，這什麼時候變成我們的工作？」看著依舊歪斜的窗框牆面，油漆小工還是拿起工具不耐地說，「好好好！都我來搞定！」油漆小工的工時因此再度延長，整個屋子好像上演蝴蝶效應，還惹出一堆人一肚子烏煙瘴氣。

像這樣雞同鴨講反覆施作的情形出現，我都會深吸一口氣，開始唸叨，「這是修行，一定是因為水星逆行，老天在磨練我心性，考驗我意志。」

我總會想起湯姆漢克斯演過一部經典電影「錢坑」，男主角是搖滾樂團律師，女主角則是古典音樂家，手頭並不寬裕的他們，用便宜價錢買了豪華大宅，一天回家卻發現屋頂塌了，被迫在冰冷的夜露天而宿，於是兩人決定花錢修好這棟夢想屋。卻沒想到這棟看來富麗堂皇的大宅根本是個錢坑，修好這個，那個又壞了，錢越花越多，兩人愛情也備受考驗，走到盡頭。

「主播，我們要跟妳請第一期款項，順便跟妳報告，我們恐怕還要加錢喔！」神龍見首不見尾的油漆工頭這時來了電話，說老房子的油漆工作太多做不完，工人時間延長，讓他成本增加必須要跟我請錢。「沒問題。」我回應，「屋主說他願意加錢，不過有幾次你們工人請假沒來，或只來一個人，這是不是也請你考慮進去。」

「是啦！我們工人剛好身體不舒服，人難免會生病，我會盡量避免空班的問題。

不過……」沒想到這時工頭也回敬了個軟釘子，「老房子要加速整修有困難喔！因為妳們房裡堆太多東西，主人又住在裡面，現在弄了兩星期還在批土刮牆，工程拖延也不是我們願意的，不然我們先漆前後陽台好了，妳放心，最後我一定幫妳搞定。」

究竟什麼時候才能結束一切亂象？看著這個比廢墟還要雜亂的空間，實在讓人沒了信心，這段時間我深刻體會就算再有錢，也買不到不斷流逝的時間和沒空理你的工人。

「主播，再跟妳確認一下，客廳餐廳和書房以及衣帽間都要漆上嬰兒藍，主臥妳選的是輕柔紫是吧！為了讓客廳有點不同，我建議客廳電視那面主牆塗上重色，這樣會比較聚焦，可以區分客廳和餐廳，推薦妳選薰衣草紫，確認之後，我就要去買漆囉！」「這些顏色都沒錯，不過你是不是漏了踢腳板，它是孔雀藍喔？」我仔細看著計劃書一一核對，然後追問著。

「踢腳板？徐主播說不用漆耶！」「啊！他什麼時候說的？」「就上回我到工地，我就問他踢腳板顏色，他說不用漆啊！」聽到這個回答，我整個腦中轟轟一片，現在突然出現變卦，我竟全然不知，趕緊去電向屋主問明，男主人帶著濃濃鼻音慢慢回說，「那個梯腳板還可以用啊！不漆不就省錢了？」「唉唷！這根本省不到錢啊！」我的回應讓男主人一頭霧水，在電話那頭久久不作聲。

熄滅頭上冒出的火氣，我大大深吸一口氣，向男主人好聲慢慢解釋，「我跟你說，事情是這樣的，先前我跟油漆工頭全都算好每個空間要用什麼顏色油漆，最後價錢加總完畢，工頭主動建議踢腳板也可以漆一漆，還說他願意額外加送，所以不漆並不會減少總價。如果以後有誰要跟你改什麼裝潢，請先跟我討論一下，這樣我才知道怎麼跟工人溝通，好嗎？」

「我又不知道哪些要算錢，哪些是老板送的。」男主人滿腹委屈回應，我又吸了一大口氣說，「前一段時間我寄給你的裝潢細目裡通通有寫！」「我沒空看啊！」聽到這樣的回應，我已經沒了脾氣，「我知道你住在工地要應付工人出出入入修整老房子，還有收不完的新傢俱堆了滿屋，每天又要忙於工作實在很辛苦，所以我擔下所有統籌任務，但你如果隨口答應了誰，改變了什麼，都可能會讓工期拖到過年之後，所以還是請全權交給我處理。」

他此刻語氣放軟，「我真捨不得妳這麼累，真的好心疼妳。」累，已經不足以形容這段時間所遭遇的一切，急驚風的雙魚座和慢郎中的金牛座兩種對立個性要在其中相處磨合，那就像是遭遇地表超級強颱無情肆虐，抑或是空中降下一場驚天霹靂轟隆巨響般真是會要人命。

「請問書房那兩大排書什麼時候可以清出來，油漆工說等到壁癌房間搞定，他們要開始處理客廳和書房，最後才是你的主臥。」進度嚴重落後，有一天我請求男主人加緊速度，但他依舊維持慢條斯理的態度說，「我想不用這麼急吧！看起來書房這幾天還弄不到，改天再搬也行，我覺得客廳的線反而應該要優先處理。」「客廳的線在哪裡？」我狐疑地環顧四周。

「妳看，就在那裡啊！這棟老房子的線路都從客廳直接穿過，無法埋進牆壁裡，亂成一團，所以要好好整理啊！」這時男主人指著陽台外一條條有粗有細的電線，然後拉著我到陽台說，「妳看，這一條線應該沒有用處，趁這次裝潢，我打算打開鐵窗爬到前陽台外面搞定。」

「爬出去？這太危險了吧！你知道很多新聞都是有人從窗外摔出去的嗎？」我不可置信地拚命阻止，男主人要我鎮定聽他說，「唉呀！妳別擔心，我會綁一條繩子在身上，一定會注意安全的。」

「你千萬別開玩笑，我可不想在社會版頭條看到你的名字，這條線放在那裡那麼多年你都沒去碰，為什麼這時候想到要弄，你可別衝動，還是請專家來處理。」聽到我連珠炮發威，他趕忙安撫，「好好好，我今天不弄，先將房子裡的線用收線條收一收，這樣才能在油漆工人漆到客廳前把這些線通通藏好，不然就算裝潢了，看到黑黑的線橫越眼前，還是亂七八糟。」

聽到他暫時作罷，我才稍微放心繼續去房間收拾可丟物件，沒多久就聽到他大呼我的名字，我趕忙衝到客廳，看到他好好的站在那裡才鬆了口氣，卻聽到他說，「來來來，妳的手比較小，應該可以穿過那個洞。」「什麼洞？」我開始驚恐地望著他，就見他拉著我往前陽台走去，我歇斯底里地警告他，「不是要你不要弄外頭那條線嗎？」

「那條線沒搞定，我覺得很煩。」他這時在陽台邊拉著我蹲下來說，「我發現穿過這個水泥窗框就能處理它。我剛剛手伸出去可以碰到這條線，但是打算拿剪刀剪斷它時，手就無法穿過這個洞，妳的手小，應該可以完成任務。」

知道他非得要搞定這條線不可，我只好幫忙幫到底，但不免發毛地問，「剪電線會不會被電到？」想起嬰兒時期我曾經因為太調皮拿小黑夾子放進插座結果被電暈，嚇壞媽媽，現下拿著他遞來的剪刀，我開始憂心忡忡，就怕一剪下去電光火石，然後人就焦了。

「不會有事啦！我就在妳旁邊。」看他打包票，我拿起剪刀向他確認，「你確定這條線沒用，會不會我一剪就讓整個社區大停電？」他哈哈一笑，催我快剪，我再問，「我剪囉！」「妳快剪。」「好！如果我暈倒了，你要幫我跟谷媽媽說我愛她。」他聽了噗嗤一笑，「妳不會有事，快剪。」

我立刻小手拿著剪刀穿過水泥窗框，然後使盡洪荒之力剪了好幾回，當場咖嚓一聲，終於剪斷那條黑色粗線，人沒電到，也沒有瞬間眼前一黑，搞出大停電，什麼事都沒發生。

「是不是，妳太緊張了。」男主人擺出料事如神的態度，驕傲得意地說，「我就說妳可以搞定，而且剪掉這條線，也沒有讓哪個燈熄滅，就代表這條是沒用的線。」我這才拍拍胸口安慰自己，大喘一口氣說，「只要你別爬到鐵窗外，我就放心了。」

誰知道到了隔天男主人傳來壞消息，「懷萱，糟了，那條線是有用的線。」「啊！什麼意思？你不是查清楚它沒有連接家裡所有電器？」再多意外都已經不意外，我忍不住狂笑追問，「這條線是做什麼用的？」卻聽他嘆氣，「它是電鈴的線，我正在研究怎麼爬到鐵窗外把它接起來。」聽到他這般要命的處理方式，我再次警告他，「你要是跨到窗外，我就跟你分手。」

「妳為了這條線就要跟我分手？」他不免驚叫，卻見我冷冷地回說，「你實在太讓人擔心了，完全不聽我勸說，非要堅持涉險，這樣頑固的個性讓我無法接受，如果繼續下去，我實在不知道怎麼跟你相處。」「我沒有不聽妳勸告啊！妳昨天要我別出去，我就沒出去。但現在問題真的嚴重了，我們沒有電鈴，郵差找不到我，拿不到掛號信怎麼辦？」他趕忙解釋，希望讓我收回分手念頭。

「我不相信中華民國沒有人會修電鈴。」我氣呼呼地說，「現在立刻上網我就可以找到一堆電話，你讓我打電話聯絡這些專家來處理，如果沒辦法解決，你再爬到鐵窗外吧！」見我提出辦法，他終於靜待我的回音，果然幾通電話打下來，順利找到師傅，也終於修好電鈴給郵差先生愛按幾次就按幾次，分手事件暫告落幕，但這老房子帶來的意外卻依然沒少過。

油漆工程嚴重落後，就要過年，工人急著趕工，客廳塗上的嬰兒藍不知為何根本不吃色，整個客廳就算開燈也看來灰撲撲一片，只好央請工頭再補漆一遍。偏偏書房的書架必須全面清空，男主人央求工人放下油漆刷幫忙搬，結果又耗掉一個早上，讓大家都累癱了。最後才要動工的主臥根本還沒有刮除舊漆，更遲遲無法去除壁癌和早已剝落的天花板，所有一切依然看來百廢待舉。

問及油漆工頭，他也一臉莫可奈何地老調重彈，「屋子東西太多，還有新家具又堆進來，實在沒辦法加快速度，而且老房子本來就難處理，反正不管怎樣，過年前我們一定要結束。」這次工頭自己下最後通牒，但卻依然沒有完工的感覺。

偏偏油漆又是裝潢房子最重要的工程，趕工情況下，許多細節根本顧不上，只好我當壞人一一清點，才發現有的地方塗色不勻，有的牆面油漆未乾硬是再漆一遍，果然出現許多蜘蛛網一般的裂痕。更誇張的是就在客廳木框窗上，竟然看到小工留下的菸頭，我心驚不已，怎麼會有裝潢工人將已有年紀的木窗當煙灰缸。

所有問題漸漸浮現都得跟各方工頭和商家逐一溝通，讓我幾近崩潰邊緣。每當電話響起，我都焦慮不已，因為帶來的經常是壞消息。

「谷小姐，我們剛剛送了兩個白色雕花單人衣櫃，但是送不上去，工人現在被卡在樓梯間。」一日接到店家打來電話，我和他趕忙衝下樓，果然見到兩個工人滿臉赤紅地推著櫃子，最後搖搖頭說，「這樓梯迴旋空間太小，我們真的推不上去。」男主人不解地問，「先前兩百多公分長的組合家具都能通過，這櫃子才一百八怎麼過不去，可以請兩位再試試嗎？」

「這是完整的櫃子啊！不然先生你來搬搬看。」他照工人指示，不死心地站在底部奮力又抱又推，我在上頭幫著調整各種方向，然而四人八手依然無法搞定卡住的窘境，最後工人罷手一嘆，「真的沒辦法啦！難道要我們將櫃子拆開還是削個角，不然要打破你們樓梯間的牆嗎？我們也不想載回去啊！但是過不去就是過不去，這真的勉強不來，現在請跟我們老闆算錢，我們好回去交差。」

工人澆了一頭冷水，讓我們知道不但拿不到櫃子，還要多花錢，就聽工人說，「我們從桃園來，再送回去的話，一個運費要八百，兩個就要一千六。」眼見我們花大錢買到兩陀空氣隨風而去，預算數字繼續飆高，卻莫可奈何。

送別工人之後，我向他道歉，「每個房間所有尺寸我量了又量，沒想到最後竟會卡在樓梯間。」他滿是諒解拍拍我，「沒關係，我們努力過了，我也沒想到樓梯小到連單人衣櫃都上不來，但是為了單人衣櫃特別搭配的矮櫃已經從高雄寄到家裡，現在要退掉它嗎？」「不能退了！我來想辦法。」問題來了，解決就好，是我做事一慣態度，我拿起手機趕緊登入購物網站，搜尋下一個櫃子。

過了一段時間，兩個單人衣櫃又來了，這次當然換成組合家具，自然輕鬆通過樓梯間的試煉，但我完全沒想到，這次我竟被這兩個得要自己組合的櫃子給撂倒了。

「懷萱，請將那一片板子遞過來。」他依照說明書將零件一片片按照上頭所標明的號次組合安裝，本來身為小助手的我還乖巧伶俐地配合幫忙，但就在裝到一半的時候突然卡關，不管怎麼轉怎麼喬，整個櫃子就是無法密合。

「完蛋了！這怎麼那麼難搞？」急性子的我見到光是一個小零件就折磨我們一個多小時還無法搞定，讓他就算在冷氣房都不由得滿身大汗，我開始後悔當初使什麼小聰明，非要買什麼組合家具，懊惱不已的我要他放下螺絲起子，這才發現他的手掌已經起了不小水泡，我急得再次拿起手機搜尋購物網站，來回查看還有沒有其他合適物件，就希望快點結束單人衣櫃噩夢。

又過了一小時，突然聽到他大聲歡呼，我衝到客廳一看，一個白色單人衣櫃完成組合，他站在旁邊還喊了聲「噹啷」！我驚喜地抱著他尖叫，「你怎麼辦到的，我根本徹底放棄了，你竟然能夠完成。」他得意洋洋地舉起雙手說，「我有一雙巧手，很會做美工啊！妳忘記我們大學時的系服就是我設計處理的，我最會搞定這種繁瑣的事物。」

慢郎中終究有建功的一天，急驚風這回對他崇拜地五體投地。

「可是還有一個怎麼辦，會不會又卡關？」急驚風看了看地上一攤根本還沒動工的零件憂心追問，慢郎中依舊慢條斯理地說，「我已經找到訣竅，交給我，我等等就組好。」果然不消多久，慢郎中再次完成困難項目，讓主臥有了兩個小衣櫃，我特意留著衣櫃上標明順序的數字貼紙不肯撕去，就是要自己時時記得他為了成就這個家，是用了多大的耐性和毅力。

這兩個白色衣櫃放在主臥左右窗邊，再搭配下方兩個白色鞋櫃，讓人可以坐在窗旁看書，或是看著窗外綠色唐竹隨風搖曳，這個房間就此開始有了不同光景，倍覺生意盎然，眼前雜物衣服全部收納進櫃子裡，老房子的最大房間也開始擺脫貌似貧民窟的混亂狀態。看來一個「我們的家」漸漸成形，等著最後幾個拼圖慢慢拼上。

主臥有了衣櫃，兩人接著找時間去店家挑新床，熱心的店主是個年輕人，仔細解釋什麼樣的床可以讓人睡得舒服，請我們兩人一起試躺十幾分鐘，見他躺在我的身旁，頓時讓我羞紅了臉，緊張地彈起身來，跳到隔壁的床。幾次試驗下來，兩人看中同一張軟硬適中的床，最後店主建議，好的床要搭配好枕頭，於是我們只得在同一張床上繼續試躺各類枕頭。

趁著店主到工作間查資料，躺在一旁的他突然揪了揪我的手說，「懷萱，謝謝妳，妳為我做了好多事，我真的很感謝妳，有了妳，我的人生真的變得很快樂。」看著他的笑容，我才發現過去總是眉頭深鎖的他，漸漸擺脫憂鬱形象，認識這麼多年，我從沒看過他這樣開心的笑著，握緊他的手，我說，「我只希望你能夠每天都這樣笑著。」他點頭說，「跟妳在一起，我真的很開心。」

「不好意思，兩位覺得這顆枕頭是不是比較好躺？」店主尷尬地打斷我倆，我們趕忙起身說，「還不錯。」「是吧！我一定推薦最好的給你們，不過，請教一下，請問這位先生是徐主播嗎？」當場被認出的他自然承認無誤，就聽到店主說，「我很喜歡聽你播球賽，可以請你簽名拍照嗎？」徐主播呵呵一笑，全然配合，然後精明地問說，「那這顆枕頭可以送我嗎？」店主自然當場應允。

「妳看，我幫忙省了一些預算。」在回程路上，他開心地邀功，我俏皮回他，「早知如此就讓你簽十個名，看能不能送張床來。」幸福滋味在艱困環境中悄然而生，讓人又生出勇氣面對種種危難。眼前的廢墟改造計畫必須盡快完成，屬於我們的故事才能順利開展，但終究事與願違。

「懷萱，又出問題了。」男主人傳來訊息自然是壞消息，網路訂來的床頭櫃送到他家，竟然尺寸完全不對，「它矮了十幾公分。」「差那麼多？」「對啊！如果躺在床上，我的頭會掉進床頭櫃置物架的洞洞裡。」「啊！那個置物架不是應該設計在頭部上方讓人靠著？」我像是聽到天方夜譚一般的驚人故事，「我尺寸都量好的，怎麼還會有這種事？」

撥電話給出貨小姐，這小姐的回應更令人覺得像是看到火星人一般驚駭，「唉唷！那應該是我們妹妹在網站上標錯尺寸。」我耐著性子問，「是不是請妳幫我們換成正確的尺寸，不然這個床頭櫃，我們根本無法使用。」小姐非常為難地說，「我不知道工廠能不能做出妳要的尺寸？妳可不可以勉強就用這個，要過年了，我的工人沒時間送貨。」

我無法相信我的耳朵聽到的話，回她說，「我怎麼可能花了好幾千元買一個不適合的東西，而且是你們標示錯誤，是不是請妳想辦法解決。」小姐這時大聲回話說，「我不就在想辦法請妳幫忙嗎？不然這樣，我少算妳五百元，等等退費給妳，就不用再送新的吧！」

店家想出的鬼主意教人完全無法接受，「我只要尺寸正確的床頭櫃，妳退再多錢我都不要，妳如果不願意解決，我要求退貨。」「好好好！退就退，但我不能跟妳保證我有空來拿。」小姐繼續使出擺爛絕招，我也不願讓步，「如果妳不來拿，我頂多把她們丟掉，然後在拍賣網站公開妳的尺寸標示有問題。」聽到這裡，店小姐才終於就範同意退貨退錢。

光是打這通電話，我感覺像是死了千百個細胞一樣，耗盡全身精力，但不敢稍有歇息，我趕緊再上網搜尋新的床頭櫃，然後請示男主人選好樣式顏色，忙著跟新店家確認尺寸和送貨時間。

新的床頭櫃來了，尺寸正確無誤，樣式美麗大方，但舊的還杵在工地，店家仍未收走，我沒好氣地只好再跟火星人店家連絡，請他們趕緊處理，得到回應都是沒空，沒空，沒空，不然就是已讀不回。

過了幾個小時後，火星人店家突然來電，「我的工人就在妳家樓下，妳怎麼不在？」「啊！妳不是說工人沒空嗎？」我搞不清楚地問，火星人店家說，「他不能突然有空？妳再不開門，工人就要走了。」這狀況來得莫名奇妙，我只得趕忙從我自己的家坐小黃衝到他家，一肚子火送走這個問題床頭櫃。

想不到，尺寸有問題的不只床頭櫃，我們特別找店家訂做窗簾，光請師傅丈量和確認花色就來來去去耗費不少時間，才等到師傅送來掛上，看到眼前一片簾子有著紫色藤蔓，另一片藤蔓則有 Tiffiny blue 色彩襯底，男主人忘了等待的周折，喜孜孜地留言給我，「窗簾來了，真的很美，我們眼光真不錯，等妳下班來看。」但當我真的站在窗前，拉開整片窗簾，竟發現這片布怪怪的，因為它完全遮不住一整片落地窗。

我心頭一空，渾身冷汗，趕緊追問店家，店主才知道師傅裝上的是別人家訂製的窗簾。「真的很抱歉，我們會再請師傅過來換好，不過妳們的窗簾已經寄到台南，恐怕要等過年後，才好請對方寄回來，過年這段期間，就請多擔待，我們一定會好好解決這個問題。」店家非常禮貌也很有誠意，但我們得跟這場錯誤度過一段時間，在過年時看著這面窗簾，心裡淌血。

就算尺寸沒問題，網路買來的傢俱仍給我們不少驚嚇。我看中一面西洋雕框的長鏡，打算放在主臥，讓老房子增添異國風情，但鏡子有個架子支撐著，跟我預想貼在牆上的設計全然不同，於是懇求老闆幫忙去除支架，將上頭加裝掛鉤，老闆一開始相當為難，最後拗不過我的拜託終於答應，我日夜期盼收到這美麗銅鏡，等到寄來了，

只是買一個高雅的床頭櫃，沒想到得來不易。

送床工人不小心將黑汙沾染床邊，只好重送。

陶瓷花卉門把美麗大方，卻在安裝後關不了門。

訂製窗簾居然遭遇尺寸不合，遮不了窗的窘境。

竟教男主人當場笑彎了腰。

「我的天！西洋鏡上怎麼會安裝中國樣式的掛勾？」當窗櫺一般的東方風格與雕花圖騰的西洋風情撞擊在一起，說有多衝突就有多衝突，看著掛鉤，男主人完全止不住笑，見我噘著嘴火冒三丈看著鏡子，他更加笑得開懷，「要我幫忙裝上牆嗎？」「我才不要。」我無法置信地說，「隨便一個三角形掛勾不就好了，老闆到底去哪裡搞來這個勾勾，這不是用在國畫上頭的嗎？」

來幫忙收尾的師傅同學也被這面鏡子的「創意」嚇到了，笑說「這鏡子還真是東西合璧」。這人見人笑的東西怎能繼續存在，最後央求師傅同學找來新的勾勾，才終於讓這恐怖東方掛鉤消失眼前，師傅同學還好心地問，「妳要留下來做紀念嗎？」我白了他一眼，師傅同學馬上明白哈哈大笑，「那我帶走囉！」我毫無懸念回他兩個字，「不送。」

整天跟這些怪事周旋，成了我們這段時間最大笑點，到最後竟變成日日等著看老天還能送多少怪事讓我們說嘴，但沒想到最恐怖的意外真的發生了。

「懷萱，今天有個工人快死了。」男主人發出簡訊內容令我渾身發毛，趕緊追問怎麼了，男主人回說，「就是衣帽間組裝大型衣櫃的工人，不知怎麼突然面色發紅，嘴唇一片白，接著就大聲喘氣，微弱地說他吸不到空氣。」「啊！這是換氣症候群嗎？快將他送醫急救。」「有有有，已經趕緊叫計程車將他送到附近醫院急診，他的夥伴也嚇壞了。」

「呼！希望他沒事。」我在心底祈禱萬事平安，過了這一個早上，男主人再度回報，「剛剛工人回來，說他沒事了，還繼續組裝家具。」「這也太戲劇化了吧！」「嗯！他的氣色看來比較正常了。」整個過程如此猝不及防，我們深刻體會裝修這老房子的歷程還真是乖違多舛，幸好心臟越練越大顆，連這樣的難題關卡最後都安全落幕。

男主人總會說，「我相信我們會越來越好的。」這樂觀態度讓我不禁想起亂世佳人郝思嘉說過的名言，「明天又是新的一天。」但新的一天何時來臨？

就在過年前最後一週，根本是裝潢地獄週，所有家具必須全部送到，並趕緊就定位確定尺寸沒問題，廚房還在等玻璃師傅裝上黑色鏡面烤漆玻璃，遮蓋滿是油汙的牆面。各房間美麗的門鎖來了，得拜託師傅同學有空幫忙換上，滿地厚厚的粉塵要特別請清潔公司清理乾淨，更別說匆促結束的油漆工程還有一堆問題等待解決。時間如此緊迫，就怕男主人得繼續在這個油漆未乾的工地過新年。

油漆小工早就撤離現場，最後油漆工頭終於自己單槍匹馬出動，一人親自收尾，重新漆上新色，再拿著吹風機仔細吹乾牆面油漆，補足掉漆的色彩，等他請最後一筆款項之後，過去的紛紛擾擾終於順利在一個月內完全落幕，至於裝潢費用原先預計控制在五十萬元，在一連串意外中稍有超支，最後支出五十五萬多。一切真是老天眷顧，諸多問題終究迎刃而解。

每個空間都煥然一新，客廳主色調是柔和的嬰兒藍，所以家具以白色搭配。丟掉深藍與黑色電視櫃，換上三個網購自不同店家的白色櫃子，這個空間還多了一張他親自組裝的白色工作桌，原本用來伏案工作的餐桌也汰舊換新，白色典雅的餐桌鋪上白色蕾絲桌巾，得以放上三餐美食。

主臥室輕柔紫的牆面，配上紫色藤蔓窗簾，坐在白色鞋櫃上，看著窗外竹林隨風搖曳，輕鬆又舒心。兩旁的單人白色衣櫃收納所有個人雜物，讓整個空間清爽自在不再擁擠，當然還有美麗的西洋雕花長鏡，映照主臥新風貌。

至於衣帽間終於沒有壁癌和刺鼻腐臭味，更不再滿是雜物，兩大排深咖啡色木質衣櫃可以收納他所有衣服以及棉被、枕頭、行李箱等家用物件。來到書房變化不算多，只是將差點傾倒的三夾板層櫃換成兩列有門的松木書櫃，金庸亦舒大作和棒球紀念品全都安放其中，不再飽受灰塵侵擾。這書櫃可是我在網路上多方比價，一個兩千八，我連買七個，之後想再買也沒這麼便宜了。

走進廚房，這兒有全新流理台、收納櫃，排油煙機不再噴出亙古塵埃，一旁搭上櫥櫃放入電鍋收納食材，黑色晶面烤漆玻璃，遮蔽油黃髒汙，果真「重啟爐灶」，像是從地獄到了天堂。

廁所在水電工巧手處理下不再臭氣薰人，再放上我從日本辛苦搬回來的淡藍色超吸水硅藻土地墊，過去潮濕霉氣，現在已然乾爽舒適，一切看來盈門瑞氣新氣象，根本無法想像半年前餐桌下的蟑螂遺骸摧折我多少細胞，更別說整個老房子還有著滿面壁癌和恍如廢墟的不堪過去。

以這樣的速度完成，花費控制得宜，還能將整個家全部翻新，令我不禁讚賞自己怎麼那麼會改造，連正牌設計師朋友聽到整個老屋變身過程都不由得心服口服。

那一晚，我站在新廚房的單口瓦斯爐前，煮了一大鍋滿是好料的XO醬牛奶蛤蜊濃湯，熱騰騰的奶香味瀰漫整個老房子，當他親自將晚餐放在新買的白色餐桌，宣告這是「一個我們的家」。

他眼中泛淚感動地將我抱了滿懷，「懷萱，謝謝妳願意跟我在一起。我想過年期間找一天，請大學好友來我們家，我想告訴大家，我們在一起了。」

聽到他感性宣布，我驚訝看著他，「公開?我還以為你喜歡低調。」「我很希望跟好朋友分享我們的喜悅啊！」他喜孜孜地開玩笑，「希望在媒體工作的同學不要對外發布獨家消息，哈哈哈！」

「我……」此刻心裡忐忑不安，脫口而出，「其實我還沒準備公開。」「告訴大家我們彼此相愛就好了，還需要什麼準備?」他柔情地看著我，我卻像隻不知所措的小鹿，焦慮地閃躲他的懷抱，他緊緊抱住我說，「我們花了那麼久時間才走到這裡，當然要跟大家分享我們的喜悅。」但焦慮的小鹿說，「我想，我已經完成階段性任務為你打造好一個家。」

「那不是很好嗎？剛好請大家來參觀。」他滿心喜悅沉浸在美麗新家，卻聽到我說，「我們不要公開，才能有機會安靜地分手，不需要跟任何人交代解釋。」「妳要跟我分手？」他驚訝地望著我，我點了點頭，「我們經過五個月相處，但我還是找不到可以讓你好好的，讓我好好的，也讓我們都好好的辦法，這樣下去你不快樂，我也不會快樂。」

「懷萱，跟妳在一起我很快樂啊！」他焦急地想留住我，但卻聽見我冷冷回應，「你告訴我『執子之手，與子偕老』，我雖然感動不已，但始終不敢相信我們真的可以牽著手一起走到人生最後一刻，與其日後徒增傷悲，我想當斷則斷，這應該是最好選擇。」不等他再多說，我毅然決然地迸出這句，「就在今天，我們分手吧！」

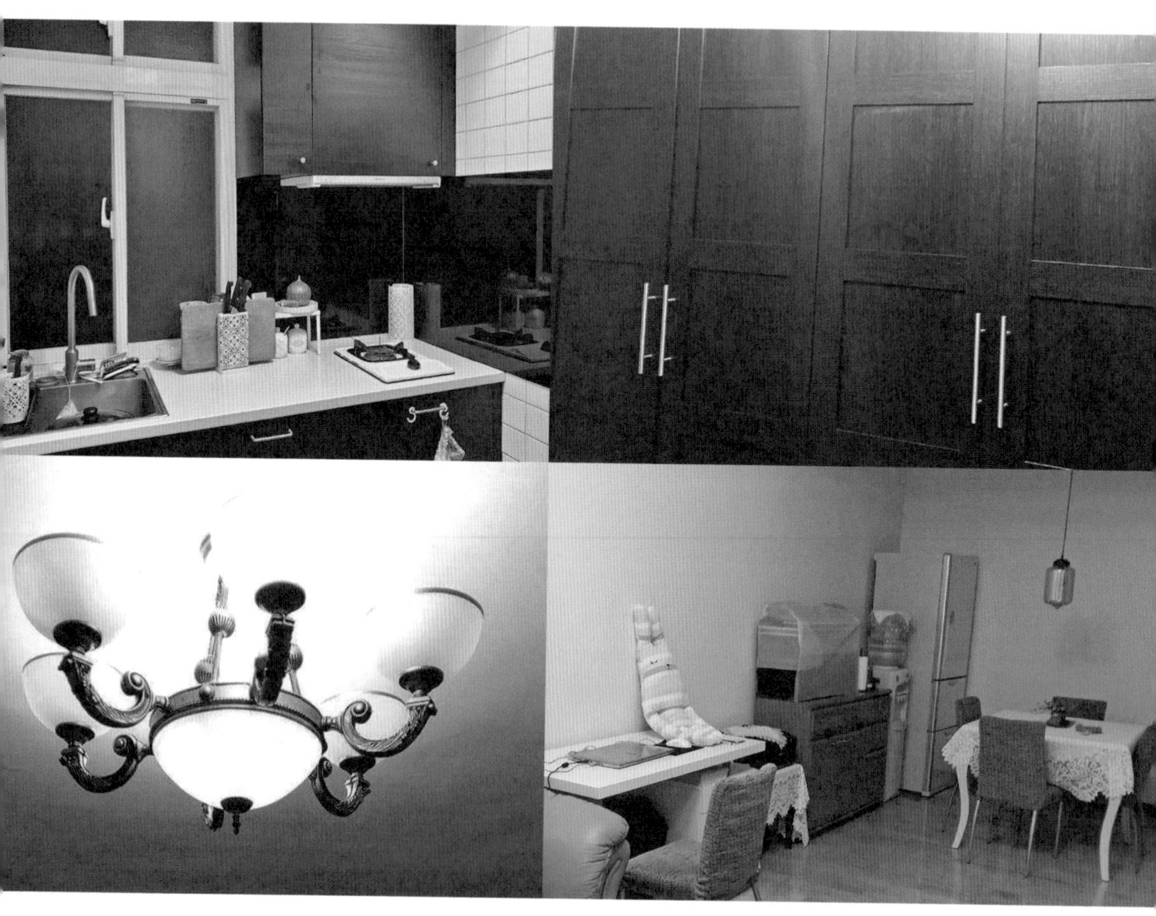

滿紙裝潢言，一把辛酸淚，兩人齊心獻，終生幸福配。

第八章

擊鼓

死生契闊，與子成說。執子之手，與子偕老。

「不！不管怎樣，我都不會放開妳的手。」他堅定地看著我說，「也許我沒有豪宅名車，只有這個老房子和一台破機車，但我相信可以照顧妳一輩子。」我說，「你知道我從不在乎這些外在東西，只在意我們的心能不能在一起。但你記得嗎？去年我們一同參加同學會，你並沒有告訴大家我們在一起，或許是你對我們之間仍有懷疑，期待我多點付出，才願意放入真感情。」

「我對妳的感情自始至終都是真的，至於妳說的大學同學聚餐，是我自傳完成後，大家為我辦的小小簽書會？」我點了點頭，「那天你遲到了，正好坐我對面，笑笑看了我一眼，我趕緊幫你遞上菜單刀叉時還心跳加速，雙手微抖，以為當同學點出你自傳放了好多我的照片，你會趁勢向大家公開我們戀情，但終究你沒說，我也沒再要求，現在你突然打算跟同學公開，是不是因為我通過試煉？」

「試煉？」他驚訝地說，「我怎麼可能試練妳？當時不說是因為我還不想讓人討論我們的私事。」「是呀！所以我一直以為你可能跟誰依舊藕斷絲連，不想放掉左右逢源的機會。」見我嘟嘴抱怨著，他捏了捏我的臉，「怎麼會？我有妳就好了。」我繼續追問，「既然你不想讓人討論我們，為何這時又要跟大學同學說？」他笑笑，「因為有了個『我們的家』，我想讓同學看咱倆快樂的生活。」

「你快樂嗎？」我終究還是問了這個問題，他開心地說，「只要跟妳在一起，我都很快樂啊！」聽他真情回應，我心頭泛起小漣漪，卻又不得不冷靜告訴他，「這是必然，你知道我們在一起為何如此合拍？」「是因為我們彼此相愛。」他給了一個最棒的理由，卻見我不斷搖頭，他驚懼地收起笑臉，用著濃厚的鼻音認真問道，「難道妳不愛我？」

「我愛你啊！但愛往往只是當下一個情緒，並不是絕對不會消逝的聖旨，所以我對我們的未來充滿害怕，我怕我們的愛現在正處於高峰，接下來就會被生活種種消磨殆盡。」聽我說完這段話，他無法理解，「我覺得妳想太多了，我們這麼相愛，看到妳始終為我著想，讓我很感動。」我哼出一聲笑，「就是太為你著想，才會讓我們完蛋。」這話說得他渾身犯涼，更是盼求一解。

「這半年來不論任何事情，我都傾全力配合你，找時間陪伴你，為你清理家裡，主導房子裝潢，扛下所有麻煩事，所以你感覺我處處為你設想，然而對我來說，我並不想事事都以你為中心，就此完全沒有自己。」聽完我說這段話，他靜默不語，依舊不解地緊皺眉頭。

我望著他說，「就算我們相識二十五年，但真的生活在一起，我們還是落入圈套裡。」「圈套？」「嗯，傳統窠臼會讓我成了你的附屬品。」聽到這兒，他忍不住插話，「我愛妳就是因為妳是谷懷萱，也非常尊重妳的想法，怎麼可能讓妳成了我的附屬品？我看到妳的安排都經過深思熟慮，每件事情處理得妥適得宜，我對妳所有安排沒有意見，這樣的我很好相處啊！妳知道，我是隨和的人。」

「謝謝你的尊重與隨和，但我不想總是一個人瞎忙，我不是你的女僕，也不是你的秘書，我只想當你的女人，我不希望你只是被動接受我所有精心安排，卻看不到你的真心，愛，需要兩人一起費心經營，而不是單方面無止盡掏空自己。」一股腦兒說出心底話，讓我瞬間暢快不少。

他卻全然無法理解我看到的危機，於是我直接點破，「我知道你隨和的背後，其實是懶，懶得花時間去想，懶得花力氣去做，但會不會有一天，換成我懶得為你做這一切。等到我懶得付出的那天，會不會就是我們該要分開的日子，與其等到那天撕心裂肺耗盡所有一切，我寧願現在安靜地走開。」

看到他驚惶失措的表情，我嘆了口氣，「我知道你信仰無為而治的老莊思想，但無為不該是什麼都不作為。經過這段時間相處，我反而分外不踏實，不是為著我的付出非要求得回報，而是我擔心我這般積極主動分擔一切的最後結果，反而慣壞一個好男人。」

「妳知道我很心疼妳的，從來不是個要人伺候的大男人，我怎麼可能是一個會被慣壞的人。」他忙著解釋，「我只是工作忙翻了，沒時間去整理去規劃那麼多事情，真的很謝謝妳，看到妳這一路好辛苦，要整理家裡，還要搞定裝潢，甚至趕著從公司來我家做飯給我吃，我媽還跟我強調做菜很辛苦，所以妳不也見到我幫忙洗碗，處理家務。」

我迸地哈哈笑出聲來，嚇了他一跳，我說，「我知道你會洗碗，也會打掃，但那多半都是兩三天之後，我發現我們的忍耐限度不一樣，多半都是我忍不住，就先洗了碗，先擦了桌子，先清潔馬桶，而你的優先順序可能是先抽支菸，玩個手遊，休息一下，想想人生，過兩天再洗碗打掃。我當然希望你能悠哉生活，但繼續下去，我怕變成家奴長工，我不希望這些事情最後只變成我的工作。」

「我明白了，相信我，接下來我會一起分擔，不會讓妳一個人面對。」相較於我總是習慣先把可能危及兩人的事情攤出來討論，他似乎樂觀不已，「懷萱，我很愛妳，也知道妳愛我，既然我們這麼相愛，就順著老天許給我們的緣分，過年時，我還是會找同學來，告訴大家我們在一起了！」我不免嘟嘴望著他問，「你不怕跟大家說完之後沒多久，我就受不了你，要跟你分手？」

他這時嘻皮笑臉地快速唸起一大串話，「我……我受不了了，我決定要跟妳分手，原先我以為我是被夾在幸福和痛苦之間，後來發現我是被排在幸福和痛苦之外；雖然追求的本身就是一種收穫，付出的意義就是一項取得，我寧可斷不可亂，也不願剪不斷理還亂，我要跟妳一刀兩斷。」

我翻了白眼，「這時候還說什麼相聲？好，那我們就一刀兩斷。」見我當場慧劍斬情絲，他趕忙打圓場，「只有妳知道我的哏，明白這是相聲段子，我們這麼相像，這麼適合，怎能分開？」他牽住我的手堅定地說，「說好要『執子之手，與子偕老』，我絕不會放開妳的手。」這八個字他再度脫口而出，我在冬日也止不住的心浮氣躁，竟像聽到魔咒一般頓時心平氣定。

他繼續循循善誘安撫著，「別去煩惱不會發生的事情，我們就把眼前的日子好好過，就要過年了，我們得準備好多事，過年前要去拿訂好的年菜，初一要跟雙方家長拜年，接著還要請同學到家裡聚聚，再隔一天我就要出發到日本出差播球賽，這段時間異常繁忙，還不如先想想要準備什麼請同學吃吧！」

「吃什麼不是大問題，問題是你要直接告訴同學來『我們的家』，我無法這樣面對大家。」我滿心躊躇，他調皮地說，「這事妳就交給我，我會跟同學說我的房子最近裝潢好了，等大家來了再揭曉謎底，一定會嚇到大家。哈哈！我真想快點看到同學們驚訝的表情。」我完全無法想像相識二十五年的大家會怎麼看待我們的戀情，更幻想到了那一天，也許有人會站起身來強力反對。

該來的還是會來，大年初四這天，他家就像樣品屋一般出現川流不息的人潮，先是兩家親戚都很好奇房子裝潢成什麼樣子。當他的父母踏進屋子，徐媽媽不可置信地說，「這屋子真的弄得好漂亮喔！幾個月前徐爸爸來找展元，這裡還亂七八糟堆了一大堆東西，根本走不進來，只能站在陽台看了一眼，那時候還想這房子怎麼會搞成這樣。」

「哇！這個廚房好棒，是我喜歡的樣子，要是下回要弄廚房，我也要弄成這樣。」徐媽媽很快被眼前種種吸引，邊參觀邊讚嘆新裝潢，「你看！每個房門還有新門把，好美喔！白瓷上還繪了紅色花朵，真的很好看吶！」聽到媽媽驚呼不斷，他順勢說，「這都是懷萱規劃的。」「懷萱，妳真的好棒喔！展元應該要好好謝謝妳。」長輩溢美之詞，讓我不由得害羞起來。

我們兩人交往時非常幸運，雙方家人都給了最大支持與祝福，交往才不過一個月，他就開心向全家公開戀情，還特別安排我跟他家人吃了頓飯，他父母一整晚都笑呵呵，徐爸爸看我多夾了幾回泡菜吃，一見菜盤就要空了，竟默默轉身跟店家再要一盤。徐媽媽平時常會問他有沒有好好待我，叮嚀他多多疼愛珍惜，每每聽到他的轉述我都感動莫名。

至於谷媽媽和我的家人對他也充滿讚賞，說是我歷來交往對象中最教人放心的人，因為雙方家庭背景相去不遠，也有非常勵志的童年環境，對人生態度亦隨遇而安，媽媽從我學生時代就聽過徐同學，才不過見過他一兩回，就很喜愛他的樸實無華，認真單純。知道他對我告白，媽媽不再像過去總會為我擔心，反倒毫無懸念，分外支持。

他究竟有多討谷媽媽歡心？我常笑說，我其實是跟個老頭交往，因為他在家穿了T恤之後，竟會把四角內褲套在汗衫外頭，然後再穿上牛仔褲，讓褲頭大喇喇地露在外頭，我驚訝問他為何穿成這樣，他說，「這樣穿，肚子才不會受涼啊！妳要不要試試看，真的比較保暖。」對於這個讓我傻眼的事，谷媽媽聽了竟笑著點頭，「沒錯，老人家都是這樣穿的，肚臍就是要保暖啊！」

谷媽媽知道這大半年我幫他家裡大掃除，規劃裝潢，耗費諸多時間心力，陪伴媽媽時間減少許多，非但沒有太多埋怨，反倒心疼他必定是因為工作繁忙才無力整理，還幫他說話。當他到我家吃飯，媽媽見他瘦成紙片人，聽他每天只吃餅乾泡麵充飢，還要我平時多帶些食物給他補充營養，就怕他餓了。疼愛之至，溢於言表。

眼見新居落成，媽媽來參觀，竟像是將我託付給他，希望他多多包容照顧我，連我的秘密都說出來，「懷萱不是一個會整理家務的人，能把房子弄成這樣真的很不錯，接下來就要好好維持才是。」「媽，我知道了啦！他上次到我們家吃飯，已經看到我床上衣服，堆成兩座山，改天有空我會收啦！」就怕媽媽再透露更多秘辛，我趕緊自己招認。

突然這時門鈴大響，第一位同學翩然報到，擔心媽媽留在當場會讓同學馬上發現事情有異，只好趕緊請媽媽往上再爬一層樓，躲在公寓樓梯間。

一會兒答答聲響起，女同學腳程很快，迅速抵達門口，就聽她開心問候，「懷萱，妳先到了啊！」我尷尬點頭，「對啊！我家比較近，所以就先來了。」「嗯！我上化妝室一下。」同學渾然沒發覺現場壓抑下來的緊張氛圍，逕自進入廁所，讓我們算是通過第一關。

這時看到媽媽和妹妹在樓梯間伸出頭來探問動靜，我倆趕忙跟媽媽揮手道別，關上門之前，我見到媽媽笑得像朵花似的望著我們好一會兒，給了我們萬分祝福，我頓時一陣發熱，關上鐵門後，才知道眼中已然泛淚。

「其他同學怎麼還沒來？我以為遲到了。」女同學這時回到客廳，我趕忙收拾情緒，「等一下就會來了。」三人在沙發上才一坐下，女同學立刻發問，「怎麼沒見到展元老婆，大年初四還要上班嗎？」面對這個最尷尬的問題，我頓時不知如何反應，只能轉頭看著男主人說了三個字，「她不在。」女同學完全沒注意這話中有話，忙著從袋中翻出小禮物，祝賀房子煥然一新。

沒多久，另個同學接連現身，一陣寒暄問候，立刻又進入同一個主題，「你老婆呢？」不善說謊的他頓時欲言又止，等到大家全都坐定，就聽到他說，「我本來想等到最後一位同學來再說，既然大家都問了，所以我要跟大家說一件事。」聽到他話說成這樣，女同學們頓時靜默無語，我則在心裡唸咒般地重複著，「千萬別公開啊……」

就聽他終究向眾人坦承，「兩三年前我離婚了。」

這話才一出口，兩位女同學都瞪大眼倒抽一口氣不知如何安慰，「怎麼會這樣？」「在你說之前，我就想會是離婚了？」「難怪很久沒聽你說到她。」大家開始七嘴八舌地反應，這時有個人小心追問，「所以你現在還好嗎？」他笑了笑說，「我很好啊！因為就在半年前我追到懷萱，我們現在在一起。」他的手順勢搭在我身上，我的臉霎時發紅火燙，不知怎麼收拾這局面。

聽到「我們現在在一起」就讓現場炸了鍋，女同學大喊恭喜，當中一人說，「我早就說過，妳們應該在一起，一個是外星人，一個是宇宙人，花了這麼久時間才看到彼此，一定要好好珍惜，我相信妳們一定能自在同行。」這句話讓眾人忍不住笑出來，女同學繼續說，「懷萱，妳記得我大學時就覺得妳們很配啊！」「我記得妳說他是個很棒的人，但他沒說喜歡我啊！」

聽到我的回應，女同學說，「我總覺得他是最懂你，也對妳最好的人，他一但喜歡一個人，眼裡心中都只有對方，看不見別人。妳們在一起一定會幸福。」

有了女同學掛保證，他登時笑得開懷，「我想給大家看個東西。」這個提議連我都不禁訝異，就看到他秀出一段自拍影片，時間是一年前的新年，畫面中他一臉愁苦走在廢墟裡，憂鬱地說自己過去如何頹喪，後來在鏡頭前他握拳許下願望，「我一定要振作起來，把這裡整乾淨。」看到最後我忍不住翻白眼，「齁！最後還不是我整的，原來你振作的方法就是找我幫忙收拾殘局。」

聽到我這樣反應，他趕忙摟住我的肩頭說，「就是啊！一年前我傷心地拍下這段影片，沒想到一年後可以這樣幸福笑著。」這時眾人全都一片祝福，只有我無法相信眼前幸福是真的。

走過大半人生路，面對感情，我不再像過去總是一股腦兒地盲目投入，過去我總相信人性本善，所以當愛情來了，全然不會質疑背後用心有無利益考量，也不會覺知眼前對方是多麼博愛，甚至還會鴕鳥的告訴自己，事情不像自己想的那樣，然後拖累著青春，虛耗無數光陰，傻傻守住一段又一段殘破的愛情，周遭朋友看不過去，只能不斷為我禱告，希望我下個男人是好人。

直到現在，他終於出現了，眾人齊聲看好，我卻害怕了。我承認過去種種傷害讓我有被害妄想症，草繩比毒蛇更令我退縮，就像鬼片看多了，總覺得身邊的黑影也是鬼。怕到最後，我甚至寧願不要這段感情，常想躲回一人世界。

我究竟怕什麼？為什麼無法面對眼前美好？我開始細細思索著，終於明白原來我怕被綁架，像是太太就是先生的附屬品，或是兩人在一起，接著就該結婚，結婚了就要生小孩，生了一個孩子就要被問到何時再來第二個，一路要人依循符合社會期待。但這並非我想走的路，我一點兒都不愛被外界任性控制自己的人生。

除此之外，我還是不能確定他心底真的只有我嗎？這半年，雖說我不停洗刷掉這個空間裡前人影子，但他並沒有全然拋棄屬於他倆的東西，金牛座的他並不是一個絕情的人，也許有一天，有一個回眸，會讓他有那麼一絲可能跟過去舊情復燃。另外為著消失的左手，我們經歷幾番爭辯，不斷重新討論他與異性之間的界線是否太過模糊，一個又一個問號，讓我對於兩人未來只看到重重陰霾。

有個朋友曾經語重心長地告訴我，如果兩人真要在一起，一定要在第一年就將所有問題點出來，千萬不能隱忍，一旦忍下去，就代表自己接受這些不合理，之後再想反對就變得沒有道理。但奇怪的是，不論我們怎麼吵到翻天，我總會被一件事情打敗。

有一回，兩人又因為「消失的左手」發生齟齬，氣得我要他在左手和我之間做個選擇。過了五個小時又九分三十七秒，他傳來一個訊息「妳好嗎？妳不要不理我嘛！我真的不想讓妳生氣。」見我始終不願回應，他使出放大絕，「讓妳誤會，我真的很難過，這一整天都忙得要命，連一口飯都沒吃，我又餓又累，渾身無力，但我還是想告訴妳，我真的很愛妳，如果妳不愛我了，我能理解。」

看完這段話，不知為何我竟是從床上跳了起來，穿上外套就衝出家門，想盡辦法找到三更半夜還在營業的小攤子買了一堆滷味炸物，坐上計程車，打開他的家門，在黑暗中跨過廢墟裡一堆紙箱山，推開唯一放光明的房門，就看到一個面色灰暗餓得臉都發尖的人，端著淺淺的白色塑膠盤，泡著完全沒有泡開的泡麵，瞠目結舌地看著入侵的人，只見入侵者遞上宵夜，一語不發。

「妳怎麼來了？」餓得發昏的他終於看清來者何人，一雙無辜的眼中泛出淚光，訝異地說，「妳特別送食物來給我嗎？」這時他好不容易找到地上一塊空地放下泡麵，緊緊擁住我感動地說，「妳怎麼那麼好？我以為妳再也不想見我了，我真的不想讓妳生氣，我希望妳開開心心的，我真的很愛妳。」

這個故事告訴了我，不管我對他有多麼生氣，但只要他說，「我餓了。」就成為通關密語，就像電影「九品芝麻官」包龍星喊出「麥芽糖」三個字，悍妻馬上變貓咪。我發現他很容易激出我的母性，只要他看來瘦了，我就會想辦法四處張羅美食佳餚。為了他，不善廚藝的我怯生生地踏進廚房，只因為捨不得他總是吃餅乾泡麵過活，我總想為他好好煮一餐，讓他一回家就有溫度氣味。

當然也是因為他生平為我煮的第一餐嚇壞我了，那一碗麵雖然愛情滿溢，但滋味全無，我頓時明白要跟他在一起活下來只有自立自強。所以在屬於我的廚房裡開始認識什麼是做菜。也許就從這裡開始，兩人漸漸體會「一個我們的家」是什麼意義。

站在廚房流理台前，我得從洗菜切菜開始自學，看到玉米冒出好幾條還在不斷大力蠕動的蟲跟我說哈囉，或是切花枝時剎時噴出墨汁濺了滿身黑，都教我冷汗直冒，不禁棄刀而去，蹲在地上久久等到情緒冷靜下來才敢回頭收拾。為了將蔥油餅翻面，拿著筷子的手當場燙出一個大大水泡，沖水時，我疼的眼淚都快飆出來。

這一切我不以為苦，倒是他心疼的不得了，從此君子不再遠庖廚，不但幫忙當起二廚，還說要當「顧火小童」，雖說這小童只是偶爾探頭看一眼廚房，然後就跑開去忙自己的事，但他有心於此，已經教我感動不已。

在這段實驗食堂的日子裡，兩人難免危機處處，用電鍋煮個菇菇飯，我竟也能煮焦。當時擔任顧火小童的他正在家裡忙著工作，以為那個焦味就是飯的香氣，所以根本沒發現異狀，於是假寐偷閒的我就此燒壞一個大同電鍋。偏偏這世上「福無雙至，禍不單行」，在廚房裡我闖的禍還真是接二連三。

他參加節目帶回大獎，是一人份平底鍋，鍋子看來小巧可愛，我決定拿來煎餅，第一時間火開太大，油濺出來，一個不小心居然讓鍋子手把頓時被大火蝕融，要不是有螺絲栓著，整個手把看來就要鬆脫。他當場焦心大喊，「唉呀！妳被燙到了，趕快去擦藥。」見他絲毫不心疼小鍋子被我弄壞，我心頭的冰山就此又融化了些。

我下廚天份應該源自我母親，出生台南的她燒得一手好菜，從小看她煮菜做餅烤蛋糕，我偶爾當個二廚，但每每想自己試做，媽媽總覺得笨手笨腳，最後都會將我推出廚房，所以長久下來都是媽媽做菜，我負責吃，甚至到婚後還常能帶媽媽做好的便當去上班，學生時期我都靠這便當去換到同學幾個水餃和幾片雞腿，每天可以吃到不少別家媽媽的菜。

至於他最會使用的就是微波爐，以懶為人生圭臬的他每每讚嘆「微波爐是萬能的」，短短時間就能讓食物快速熟透。偏巧這麼萬能的東西在我眼中卻是美食地獄，我總抗拒使用微波爐，因為每種食物到底該給幾秒鐘才能烹調出恰到好處的滋味，光要想出這些比方程式還難的數字，就讓從未用過微波爐煮菜的我萬分為難。

然而世界上總是有個不滅定律，那就是當你不喜歡一個東西，甚至抗拒它，到最後這個東西就會出現試煉你。

我剛開始學習跟微波爐相處，常被爆炸聲響嚇得要命，後來搞清楚魚卵、雞蛋甚至是大肥肉都不是微波爐的朋友，加熱過頭容易爆開。另外這個爐子一度不停放電，還吱吱大叫，嚇得我趕緊關機。他聽到怪聲，走進廚房一探究竟，才知道我將金屬碗放進去微波，這真是犯大忌，差點毀了微波爐，更可能燒了這個家。

經過一次又一次命懸一線，在錯誤中學習，餐桌上我開始端出紅酒蕃茄燉豬尾，大鍋裡蒸出紹興酒醉雞，烤箱烤出起司焗烤蕃茄麵，電子烤盤做出鬆餅豬肉漢堡飽，也挑戰過原汁三寶牛肉麵，滷過茶葉蛋，烤過烤布丁，煮過明太子鮮蝦義大利麵，更嘗試蝦卵鮭魚卵壽司醋飯和海苔烤飯糰，菜系各方，東西皆有，幾乎都是我吃遍各家餐廳後試著在廚房依樣畫葫蘆，玩起人生家家酒。

我都稱這些菜叫做「自作自受大餐」，而他也勇敢的吃下肚子，不吝讚美「『谷煮播』煮的菜比外面餐廳還好吃喔！」許是這份溫情鼓勵，讓我奮勇向前，為了我唯一而忠實的顧客，繼續在廚房面對「刀林蛋雨」，任誰都想像不到半年前根本不知道怎麼燒菜的我，竟然膽敢端大菜上桌。

懷萱拿手菜牛肉麵，展元和谷媽媽讚不絕口。

懷萱做菜創意多名字長，展元負責吃光。

站在自己的廚房，懷萱做菜越來越有信心。

每每朋友詢問這些菜怎麼做，我都回說不知道，因為這多半都是在回家公車上或打開冰箱探看後，才拿到廚房任意組合，至於油鹽糖醋的調味也都是靠著腦中的天秤，讓它們漸漸達到平衡點。我常想愛情也是如此沒什麼道理，只能想辦法在沒有規則的生活中，品嘗人生的酸甜苦辣，然後找出最對味的彼此。

我總認為人生就是不停蒐集卡片，有親情卡，愛情卡，工作卡，還有朋友卡，這些卡片我幸運到手，如今因為他的緣故，我竟然蒐集到一張大廚卡，從未想過有這麼一天我可以穿上自己的圍裙，站在自己的廚房為我心愛的人做菜，這是多麼教人喜不自勝。

這就是愛了，在廚房裡的我不免幸福滿溢地繼續製作下一道菜，而他總會笑著對我說，「每次回到家就能吃到懷萱做的飯菜和點心，感覺好溫暖喔！」我們終於找到能好好在一起的方法，讓我對未來開始有了盼頭，這個廚房真的扮演了重要角色。

至於他的懶人病，病了好一段時間，一直到三顆老鼠屎出現，才稍微有得救。真的不誇張，我分外感謝一隻迷途小老鼠闖進他家，當時我們正坐沙發上看電影，發現牆邊出現黑影，一隻長得像米老鼠的小東西沿著牆邊溜著走，當我們盯著牠，老鼠竟是一臉驚訝跟我們互望半秒鐘，然後快速衝進電視櫃下。

當下我心想完蛋了，就要上演捕鼠大作戰，卻見他開始從書房接連搬出一大疊雜誌書籍布陣，堵住電視櫃所有可能通路，只留一個出口，再從後陽台扛了大大的橘色垃圾桶對準這唯一通道。

我問這樣怎麼抓老鼠，他說，「當然可以，老鼠只剩一條路走，當我們拿棍子敲打打，老鼠一定會嚇得跳進垃圾桶，我再立即將桶子立起來，老鼠爬不上來，就會當場就逮。」聽到這麼卡通的捕鼠方法，我忍不住笑了出來，但還是配合他敲敲打打好一陣子，最後等到半夜三點，看他失望地蹲在垃圾桶邊等不到小鼠，我告訴他，要抓老鼠最不殘忍的方法只能用捕鼠器。

隔天，他買了捕鼠器，勾上我做的滷肉，經過一天等待果然抓到米老鼠，那小鼠在籠中看來苦楚害怕，不但身形拉長無力倒地，還尿濕一灘，教人分外不捨，幸好我和他都不愛殺生，不願見到血腥場面，趕忙要他放進附近公園，他說小鼠重見自由竟是活蹦竄去，連頭都不回，這時刻的他，為了曾經守候的小鼠居然有點惜情起來。

問題來了，經過一天，雖然經過打掃消毒，他發現電視櫃下有三顆老鼠屎，喚我過去，將吸塵器交給我，然後通報廢棄物所在位置，我看了他幾眼，默默接下工具，迅速在轟轟聲中完成所有清除消毒作業，也將物件歸回正位，然後拎起大包包就往門外走，他驚訝問我去哪裡，我說，「回家。」他不解地問，「為什麼？要不要等一下我忙完再送妳回去。」「不，我走了。」

他見我走到門邊趕忙攔截，「妳生氣了？為什麼？怎麼了？」我見他渾然不知發生什麼事，冷靜回說，「其實沒什麼，我只想請問你什麼時候發現老鼠屎？」「早上啊！」「剛剛在交給我吸塵器之前你都在做什麼？」他認真想了想，「玩手遊啊！妳不會是因為我玩手遊就生氣了？」我沒好氣地看著他，「當然不是。」他疑惑追問，「那為什麼拎包包要回家？」

我笑了笑，「那是因為你當我是女僕啊！如果是我見到那三顆老鼠屎，我絕對在第一時間親自將它們清理乾淨，還好心告訴你那些屎曾經在哪裡。我可以心甘情願地幫你做所有事情，但必須是我心甘情願，倘若你要我去做明明你也可以順手完成的事物，那就代表你根本不尊重我，你當我是你的附屬，是你的工具，你如果是這樣的心思，我一刻都不留。」

「妳別走，等等。」見我就要走向門外，他急忙伸手擋門，「我從來都不是這樣想，我最尊重妳，剛剛沒有多想讓妳生氣，請見諒。」「這不是見諒的問題。」我繼續冷靜地說，「如果一個家兩個人，還能出現三顆老鼠屎的故事，不知道日後又要冒出多少這麼奇妙的家務，如果經營感情這麼傾斜，我扛不起這些重責大任。」

聽我講了這麼多，他深情望著我說，「不會再這樣了，妳別走。」果真從此之後他漸漸改變，原本鍋碗瓢盆敢於一週不洗，現在會盡快伸手清理，甚至主動踏進廚房幫忙烹煮切菜，而我絕不阻擋他的成長，更不變成嘮叨的黃臉婆，於是顧火小童常會賣乖地告訴我，他又洗碗盤了，而我只需獻上掌聲鼓勵。

吃飯時，我們總有說不完的話，越是跟他在一起，越會發現自己過去二十五年認

大學同學又同為主播，兩人面對爭議說理解決。

識的他根本是另一個人。以前的他安靜寡言，對諸多事情似乎漠不關心，如今才知道原來那是他對我所設下的界線，不願因為他對我傾慕造成為難。跨越界線後，他成了一個柔情感性，十足可愛的男人。

一天我帶了超大梨子要給他吃，正削好了皮，打算切成一瓣瓣，馬上遭到他高聲阻止，「不行，妳不可以切下去。」「為什麼？」就見他嘟著厚厚的嘴唇說，「我們直接咬著吃吧！」我沒好氣地說，「切了不是比較好入口？」他深情地望著我說，「懷萓，我一點都不想跟妳分離。」這個雙關語頓時讓我笑開懷，從此我們再也沒吃過切瓣的梨。

他就喜歡逗我笑，還很得意自己崇尚的創意小語讓我咯咯不停，他最常做的一件事就是笑著看著我，看得我都羞了，問他看什麼，他都會說「妳好美」。我笑說，「要是我變胖變醜了，你還看嗎？」他會說，「妳一直都很美的，我很愛妳。妳也愛我嗎？」當然，浸泡在怎麼聽都聽不膩的甜言蜜語裡，怎能不愛？

漸漸地我看到他無限溫柔，知道我怕黑，他會幫我留一盞燈，知道我膽小，他會抱著我安撫我，知道我怕過馬路，他會緊緊牽著我的手不放，知道我鬧情緒，他明明累翻了，卻忍住睡意不斷撫著我的頭輕聲安慰。

這段時間完全翻轉過去二十五年來對他的刻板印象，多次家裡冒出小蟲，他第一時間都是在手上套著塑膠袋，小心翼翼將入侵生物抓進袋子或在手中留著空隙，再到窗外放生，如果不小心傷害小昆蟲，甚至是蜘蛛蟑螂，他還會懊悔不已。問他為何這樣做，他說「牠們也在這個地球上活著啊」！我真的從未見過任何一人有他這般心慈。

他包容的不只藍色星球，更有廣泛宇宙。相處才發現他喜歡搜查有關外星人的報導，這正是我最愛的話題，我不只一次在腦中想過，也許可能大概或然有那麼一個機緣，我們倆都來自外太空同一個星球。

如同小王子和玫瑰花的 B612 星球，在看遍無數次黃昏後，小王子拋下玫瑰花離開，卻在藍色星球的沙漠中四處流浪，深深思念花兒。爾今小王子終於等到玫瑰花，玫瑰花放下過去嬌氣，依偎在小王子厚實肩頭，為著昔日錯過輕聲惋惜，也為著今日還能相屬滿心歡喜。

「我愛你，不光因為你的樣子，還因為和你在一起時，我的樣子。」看到愛爾蘭詩人羅伊克里夫特寫的詩「愛」，我嘴邊泛起甜甜的笑。

一直要我「follow your heart」的長年密友忍不住說我變了很多，這是她第一次見我如此安心自在，她也深深相信他是認真的，才能讓那容易慌張無助的靈魂有了安身立命的所在。我倆共同朋友更羨慕地說，「以結果論來說他真厲害，現在時間、心情、心態都達到共識，兩人方能在一起。」是的，人生如果是杯調酒，我們意欲飲盡的這一杯，肯定滋味正香醇美好。

第一個週年紀念日，我聽到畢生最美的一句情話，他說，「謝謝妳願意愛我，我

展元懷萱公證結婚，連婚紗婚禮婚戒都不要。

摩洛哥蜜月兩人將撒哈拉沙漠的夕陽圈出

的心不大，有妳就很滿足了。」我回他，「我也不貪，就只貪戀你一人。」這天，他貼給我一對老夫妻手牽手的文章，然後寫上他常說的那八個字，我滿眼熱淚，感謝老天安排，許給我如此美麗純淨的戀情。

到了第四個情人節，他突然遞上一份大大禮物，我驚喜接下卻慌張地哭了，「我以為金牛座務實的你不是個會送禮的人，還怕買東西給你會讓你有壓力，所以我沒準備情人節禮物。」他笑笑抱著我說，「沒問題，我不在乎，這是我第一次送出情人節禮物，妳這麼好，讓我想把最好的都給妳。我只想謝謝妳，願意當我的小妻子。」

於是交往三年三個月又十七天彼此相知相惜，二〇一八年十一月二十二日我們有了一紙婚約，起因於中秋月夜展元突然問了句「懷萱，妳要跟我結婚嗎？」這句話沒有「嫁」沒有「娶」，兩個人公平自由在一起誰也不屈折誰，滿臉正貼面膜的我笑了笑回說「好哇」！心想這男子果然不是以貌取人，求完婚展元環抱了我好一會兒，笑著感受彼此溫度，然後拍拍我的肩就去一旁工作，短短兩分鐘兩人平凡而幸福決定終身大事。

我們沒有婚紗，沒有婚紗照，沒有婚禮，沒有宴客，沒有繁文縟節，沒有過多形式，甚至沒有婚戒，以天為證、以愛為戒，彼此心中纏繞千千結，結髮一輩子。

就是這麼愛了，讓我體會世界上只唯有一事才能將我們分開，那就是死生契闊、陰陽兩隔，所以我預先在遺囑寫上他的名，叮囑倘若我昏迷沒有意識，請他在我嚥下最後一口氣之前嘴裡塞上一顆糖，讓我的人生最終是甜的，而他聽了不驚不懼，也相約最後要許他一口甜。

許是老天開了個玩笑，非得讓兩個天真的靈魂相識不相屬，等到時間到了，歷經人事焠鍊，來到四旬人生，我們眼前上演的愛情故事竟比青春歲月時所遭遇的更純粹美好，令我堅貞相信他所許諾這一生真心不變，「執子之手，與子偕老」。

展元和懷萱遠赴非洲摩洛哥度蜜月，誓言環遊世界。

二度蜜月前往克羅埃西亞，展元緊牽懷萱羨煞旁人。

25個春天之後再說你愛我
有一種愛情叫做徐展元與谷懷萱

作者　谷懷萱
副主編　蔡月薰
美術設計　賴佳韋工作室
董事長　趙政岷
出版者　時報文化出版企業股份有限公司
10803台北市和平西路三段240號7樓
(02) 2306-6842
讀者服務專線　專線：0800-231-705　(02) 2304-7103
傳真：(02) 2304-6858
郵撥　1934-4724 時報文化出版公司
信箱　台北郵政79～99信箱
時報悅讀網　www.readingtimes.com.tw
電郵信箱　books@readingtimes.com.tw
法律顧問　理律法律事務所 陳長文律師、李念祖律師
印刷　詠豐印刷有限公司
初版一刷　二〇一九年十一月二十二日
定價　新台幣380元

25個春天之後再說你愛我：有一種愛情叫做徐展元與谷懷萱
谷懷萱作
. -- 初版 . -- 臺北市：時報文化, 2019.11
面；公分
ISBN 978-957-13-7962-3(平裝)
1. 戀愛 2. 兩性關係
544.37　　108015120

時報文化出版公司成立於1975年，並於1999年股票上櫃公開發行，
於2008年脫離中時集團非屬旺中，以「尊重智慧與創意的文化事業」為信念。